LA POMME

L'AUTEUR

Guy Ducourthial est licencié ès lettres, diplômé d'études supérieures de géographie de l'Institut de Géographie de la Sorbonne, diplômé de l'Institut d'Études Politiques, Docteur du Museum National d'Histoire Naturelle (ethnobotanique). Il s'est plus particulièrement spécialisé dans l'étude des plantes employées dans l'Antiquité gréco-romaine à des fins thérapeutiques, religieuses ou magiques.

GUY DUCOURTHIAL

LA POMME

PARDÈS
9, rue Jules-Dumesnil
45390 PUISEAUX

DÉJÀ PARUS DANS LA MÊME COLLECTION

— Alain Daniélou: *Le Phallus*.
— Tristan Lafranchis: *La Vigne et le Vin*.
— Tristan Lafranchis: *Le Taureau*.
— Adeline Bulteau: *Les Sirènes*.
— David Gattegno: *Le Chien*.
— Geneviève Saint-Martin: *L'Aigle*.

Si vous souhaitez être tenu au courant de la publication de nos ouvrages, il vous suffira d'en faire la demande aux Éditions Pardès, B.P. 47, 45390 Puiseaux. Vous recevrez alors, sans aucun engagement de votre part, le bulletin où sont régulièrement présentées nos nouveautés que vous trouverez chez votre libraire.

Iconographie: archives Pardès.

© Éditions Pardès, Puiseaux, 1996
ISBN 2-86714-149-4
ISSN 1241-3720 collection "Bibliothèque des symboles"

SOMMAIRE

INTRODUCTION 7

CHAPITRE I
Au nom de la pomme! 13

CHAPITRE II
Aux sources de la symbolique de la pomme 31

CHAPITRE III
Désobéissance et salut 49

CHAPITRE IV
De la quête de la Connaissance à la recherche
de l'immortalité, du pouvoir et de la richesse 71
    1- La pomme, symbole de la Connaissance 72
    2- La pomme, symbole de l'immortalité...... 76
    3- La pomme, symbole du pouvoir 91
    4- La pomme, symbole de la richesse 95

CHAPITRE V
Un amour de pomme ou une pomme d'amour ? ... 103

BIBLIOGRAPHIE.. 125

Fête de Vertumne et de Pomone, d'après Jean Cousin et Jean Goujon, Discours du songe de Poliphile, de Franciscus Colonna. Pomone et les nymphes portent des rameaux de pommier.

INTRODUCTION

La pomme est probablement l'un des fruits les plus consommés au monde et sans doute aussi l'un de ceux dont l'image est la plus chargée de sens. Mais si son seul nom peut suggérer spontanément l'idée d'une richesse symbolique étendue, les évocations qu'il provoque alors laissent entrevoir que celle-ci n'est pas constituée d'éléments formant un ensemble homogène. Une première approche superficielle de son contenu permet même de déceler que certains d'entre eux ont une signification symbolique en totale opposition avec celle de plusieurs autres. Un tel constat laisse une impression de confusion qui tout à la fois déconcerte, excite la curiosité et demande explications.

Il nous semble que celles-ci doivent d'abord être recherchées en se plaçant dans une perspective historique. Le contenu actuel de la symbolique de la pomme résulte en effet d'un mixage de composants issus de croyances religieuses, de mythes ou de légendes provenant de traditions diverses éloignées les unes des autres aussi bien dans l'espace que dans le temps. On y relève en particulier des données qui sont de sources juives, chrétiennes, grecques, latines et celtes, et se sont si bien juxtaposées, superposées et entrecroisées au fil des siècles, que personne ne semble s'être jamais

« Un rosier, dont les branches croissaient à vu d'œil et élevaient leur verdure jusqu'à la voûte, bientôt fut couvert de roses. Quelques unes s'étant évanouies, de petites pommes d'amour leur succédèrent. »

Discours du songe de Poliphile.

préoccupé de leur cohérence. La symbolique de la pomme leur doit en partie son hétérogénéité et par suite son manifeste manque de cohérence.

Une seconde explication de l'abondante richesse symbolique de la pomme est sans doute à rechercher sur le plan linguistique. On est en effet frappé par l'imprécision apparente des termes employés pour désigner les fruits dans la plupart des textes qui rapportent des mythes où ceux-ci jouent un rôle symbolique essentiel, voire indispensable à leur fonctionnement. À l'époque et dans l'aire géographique où ces mythes ont été élaborés, un même mot pouvait souvent être utilisé pour désigner des fruits assez différents les uns des autres mais qui présentaient néanmoins entre eux un certain nombre de caractères comparables. La question de leur identification ne dut vraisemblablement se poser, ni à l'origine des mythes, ni au moment où furent rédigés les textes qui les rapportent. Le ou les fruits qui y étaient présents étaient sans nul doute alors parfaitement connus de tous, car ce devait être nécessairement, pour la compréhension générale de chaque récit, des fruits d'observation ou de consommation courante. Un éventuel doute sur leur exacte nature aurait d'ailleurs été d'autant plus aisé à lever qu'il pouvait être fait appel à la tradition orale pour éclaircir les obscurités des textes. Si l'on éprouva le besoin de préciser à certaines occasions le sens des noms qui pouvaient désigner des fruits différents en leur adjoignant des qualificatifs pour écarter tout risque de confusion entre eux, on négligea de le faire pour ceux qui étaient présents dans des histoires par trop connues où un tel souci d'exactitude parut inutile. Au fil des siècles, l'imprécision s'installa donc, laissant à chacun la liberté de choisir un fruit particulier dans la gamme de possibilités que lui offrait le mot. Le choix, resté sans doute longtemps ouvert, finit par se fixer sur la pomme dans de nombreux cas. Hébreux, Grecs et Romains seraient probablement étonnés que l'on ait préféré ce fruit à tout autre dans la transmission de certains de leurs mythes comme dans la traduction des textes qui les relatent. C'est néanmoins à cette occasion que la pomme a capté à son profit des symboles qui devaient concerner à l'origine d'autres fruits comme le coing ou la grenade qui portaient le même nom générique et présentaient avec elle des caractéristiques voisines, telles que la forme, la taille, la couleur, la structure interne, autant d'éléments dont le rôle est essentiel dans la formation des symboles qui sont associés aux fruits. C'est donc en partie parce qu'elle est une « usurpatrice » que la pomme est aussi riche de symboles !

La multiplicité et la variété des mythes ou des légendes qui leur ont donné naissance de même que les imprécisions du vocabulaire ne sauraient cependant suffire à justifier cette richesse. D'autres explications s'avèrent nécessaires et il convient probablement de les rechercher en se plaçant dans une perspective socio-économique.

Certaines sont d'ordre purement économique et tiennent au fait que le pommier fut un « arbre conquérant ». On relèvera en premier lieu l'admirable réussite des premiers agriculteurs qui sont parvenus à transformer progressivement une espèce d'arbre sauvage à la production immangeable — donc sans aucun intérêt pour l'homme — en un pommier cultivé aux fruits comestibles, objets de tous les soins, et de plus en plus recherchés par tous. On observera ensuite que les remarquables facultés d'adaptation du pommier à un large éventail de milieux naturels lui ont permis une extraordinaire extension de son aire géographique de culture. Et l'on notera encore que l'amélioration de la qualité, la multiplication des variétés de fruits et des régions de production ont eu pour effet de susciter une augmentation considérable de la consommation de pommes, l'accroissement constant de la demande engendrant un développement continu et corrélatif de ses vergers.

D'autres explications sont davantage d'ordre sociologique. On retiendra, par exemple, que, dans une aire géographique donnée où coexistent plusieurs espèces de végétaux dont les fruits ont des caractéristiques voisines susceptibles de donner matière à la constitution de symboles, les sociétés privilégient généralement l'espèce la plus fréquemment observée dans le paysage, donc la plus familière et la plus connue, voire la plus consommée, pour servir de support aux symboles les plus populaires. Ainsi, par exemple, à l'époque où se sont constitués les mythes grecs dans lesquels des « fruits d'or » sont mis en scène avec un sens symbolique certain, il n'est pas sûr que cette expression ait alors désigné la pomme. Des fruits tels que la grenade ou le coing qui présentaient avec elle des caractéristiques voisines étaient certainement plus répandus qu'elle en ces temps-là en Méditerranée orientale et c'est plus probablement à eux qu'il était fait référence… On en serait resté là si ces mythes, dans lesquels les symboles végétaux jouaient un rôle important, étaient demeurés l'exclusivité de cette région du globe et s'y étaient confinés. Fort heureusement pour nous, ils firent l'objet d'une très large diffusion, et ils parvinrent chez des peuples qui vivaient dans des milieux où l'environnement végétal était fondamentalement différent de celui dans lequel ils avaient pris naissance. Une adaptation parut indispensable pour les rendre

« La prêtresse ayant cueilli trois de ces petits fruits, en mangea un et nous en donna un autre à Polia et à moi. À peine en eus-je goûté qu'il se fit dans mon être un changement remarquable. Je sentis que mon sang circulait avec plus de rapidité, mon intelligence augmentait et mon cœur devint encore plus sensible et tendre. »

Discours du songe de Poliphile.

Pommier. Le Songe de Poliphile.

intelligibles au plus grand nombre. Faute de quoi, ils étaient condamnés à disparaître. Il s'avéra urgent pour la grenade, par exemple, de se trouver une remplaçante qui lui ressemblât suffisamment, pour que l'on sache apprécier convenablement son rôle en dehors des régions méditerranéennes quand on l'évoquait dans des récits où elle était mêlée ! La pomme pouvait parfaitement faire l'affaire à l'occasion et elle y trouvera son compte à maintes reprises. Elle se révéla ainsi, une fois encore mais pour des raisons différentes, une redoutable usurpatrice dont l'action fut favorisée à la fois par l'expansion de sa culture, celle de sa consommation et sa faculté à se substituer à d'autres fruits lorsque les conditions écologiques étaient défavorables à leur culture !

Expliquer l'importance, la complexité et l'hétérogénéité de l'étonnante richesse symbolique de la pomme exige donc d'emprunter des pistes de recherche nombreuses et fort différentes.

Toutefois, avant de s'y engager et de les suivre tout au long des pages suivantes, deux questions nous ont semblé devoir être préalablement abordées. La première, d'ordre sémantique, concerne l'historique du nom de la pomme dont l'imprécision dans le passé conduisit à bien des confusions qui profitèrent largement à l'enrichissement de la symbolique de ce fruit. L'autre, plus spécifiquement botanique, porte sur un certain nombre de ses caractéristiques morphologiques qui sont, pour une grande part, à la source même de son introduction dans le monde des symboles. Nous avons tenté de leur apporter autant de clarifications que possible dans les deux premiers chapitres de cet ouvrage.

Le recensement des différents symboles attachés à la pomme auquel nous nous sommes livré nous a amené à constater qu'ils étaient principalement en rapport avec les questions essentielles que les hommes se posent depuis la nuit des temps telles que l'immortalité, l'essence du Bien et du Mal, leur rapport avec l'au-delà, la recherche de la connaissance, du pouvoir et des richesses, l'amour, la sexualité, la procréation, la nourriture ou encore la santé. L'étendue d'un aussi vaste champ symbolique lui assure la longévité comme la possibilité de se renouveler et de se développer sans fin. L'extraordinaire expansion du pouvoir médiatique et notamment de la publicité lui en offrent aujourd'hui de multiples occasions.

On ne trouvera pas dans les pages qui suivent un catalogue des différents symboles de la pomme, classés par époque ou par région. Nous nous sommes en revanche attaché à dégager les principaux domaines où elle semblait présenter la plus grande intensité symbolique à la fois dans l'espace et dans le temps et nous avons cherché à en expliquer les raisons essentielles.

Et si, au fil des pages, nous sommes parvenus à susciter suffisamment d'intérêt chez le lecteur pour faire naître en lui le désir d'en savoir plus et d'approfondir certains points que nous n'avons fait qu'effleurer, bref, si nous avons réussi à le transformer en chercheur animé de l'envie de poursuivre notre travail, nous nous estimerons pleinement récompensés pour l'avoir entrepris.

Le pommier, comme symbole du règne végétal. Marque de Guillaume Merlin, libraire à Paris, XVIᵉ siècle.

À gauche, la création d'Ève, depuis un arbre dont les fruits sont des têtes humaines ; à droite, l'interdit jeté sur l'Arbre de la Connaissance.
D'après une gravure de l'Hortus Deliciarum, *de Herrade de Landsberg, fin du XIIe siècle.*

CHAPITRE I

AU NOM DE LA POMME !

L'histoire de la symbolique de la pomme s'intègre dans celle d'un vaste champ sémantique, celui des fruits, et même, plus généralement celui des plantes. En effet, si de tout temps et dans toutes les civilisations, les végétaux connus ont été nommés, les mots employés pour désigner chacun d'eux ont été différents, non seulement d'une langue ou d'une culture à l'autre, mais encore à l'intérieur d'une même culture et d'une même langue. Ainsi, constate-t-on souvent qu'un même nom vernaculaire peut concerner des plantes différentes et qu'à l'inverse, une même espèce peut être désignée par des noms vernaculaires distincts. La pomme et le pommier n'ont pas échappé à ce phénomène. Ce constat conduit à penser que certains mythes qui renvoient aujourd'hui, sans équivoque, à la pomme ne concernaient probablement pas celle-ci à l'époque où ils ont été élaborés. En effet, le mot alors utilisé pour la nommer, en grec ou en latin par exemple, désignait également d'autres fruits qui présentaient avec elle un ou plusieurs caractères semblables appelés à jouer un rôle essentiel dans le fonctionnement du mythe, comme la couleur ou bien la forme. C'est par une lente évolution, au fil des siècles, que ce nom commun à plusieurs sortes de fruits a fini par ne plus désigner que la pomme. Cette restriction du sens du nom dont elle tira profit tient sans doute à la large diffusion et à la banalisation de la culture du pommier au cours des siècles, à l'extraordinaire diversification de ses espèces et de ses variétés, et à la constante progression de la consommation des pommes qui en résulta. Par voie de conséquence, c'est en récupérant à son profit des symboles qui concernaient vraisemblablement à l'origine d'autres fruits que la pomme a constitué en partie son étonnante richesse symbolique.

Sans doute aurait-on pu éviter cette dérive, si l'on avait pris soin à l'origine de nommer les végétaux avec rigueur. On avait bien perçu, dès l'Antiquité, l'obstacle que présentait la dénomination anarchique des espèces végétales et certains parmi les premiers botanistes connus, comme Pline, étaient parfaitement conscients de la nécessité de désigner une même plante ou un même arbre par un nom unique qui s'imposerait à tous afin d'éviter toute confusion sur son identification. La question revêtait d'ailleurs d'autant plus d'importance que nombre de végétaux étaient alors employés en médecine : une erreur sur leur exacte identification pouvait avoir des conséquences dramatiques ! On tenta donc, aux premiers siècles de notre ère et tout au long du Moyen Âge, de porter remède à cette situation en essayant, pour nommer un végétal, de n'employer qu'un unique mot, puisé dans la seule langue universellement pratiquée dans le monde savant : le latin. Mais cette sage résolution, imparfaitement respectée d'ailleurs, se révéla vite insuffisante pour désigner une plante avec précision. En effet, au fur et à mesure que se développaient les observations sur les flores locales ainsi que les grands voyages d'exploration de la planète, naturalistes, botanistes, droguistes, épiciers, apothicaires ou médecins — et plus généralement, tous ceux qui, par goût ou par profession s'intéressaient aux plantes — mesuraient l'étendue jusqu'alors insoupçonnée du monde végétal et la grande diversité des sujets qui le composent. Dès lors, on prit progressivement conscience qu'il était insuffisant de nommer les végétaux par un seul mot emprunté à une langue commune pour les distinguer correctement les uns des autres, mais qu'il fallait en outre imaginer un système permettant d'une part de les classer à l'aide de critères simples et d'autre part de désigner chacun d'eux, non plus par un seul déterminant, mais par une expression succincte, conçue de manière telle qu'elle ne puisse appartenir qu'à un seul d'entre eux. Bien qu'elles aient été souhaitées par tous, la clarification et la normalisation de l'appellation des végétaux ne se firent que progressivement et par étapes. Il fallut attendre le XVIIe siècle et J. Pitton de Tournefort pour que soit imaginé le concept de « Genre botanique », unité synthétique formée de la réunion d'espèces végétales présentant des caractéristiques voisines, et ce n'est qu'au milieu du XVIIIe siècle que le botaniste suédois Carl von Linné proposa un système d'appellation et de classification des plantes, simple et rigoureux dans lequel chaque végétal est désigné par un binôme composé de deux mots latins : le premier étant le nom du genre auquel il appartient et le second une épithète qui désigne son espèce à l'intérieur du genre. Et c'est encore un peu plus tard, vers la fin du XVIIIe siècle, que l'on eut l'idée, avec Antoine Laurent de Jussieu, de regrouper en familles les genres qui avaient un certain nombre de caractères communs. C'est en application de ces règles que les botanistes du monde entier considèrent aujourd'hui que le pommier appartient à la famille des Rosacées, et y constitue le genre *Malus*, lequel comprend plusieurs dizaines d'espèces comme, par exemple, *Malus sylvestris* Mill., *Malus pumila* Mill., *Malus dasyphylla* Borkh., *Malus bacata* Borkh., *Malus prunifolia* Borkh., etc.

Malus : *pomme douce*. P. A. Matthioli, Commentaires de Dioscoride, 1655.

Si les observations qui précèdent permettent d'expliquer, dans une certaine mesure, la très grande richesse symbolique de la pomme, elles soulèvent, à leur tour, d'autres questions parmi lesquelles deux semblent essentielles : la première est d'ordre historique et concerne à la fois la région d'origine du pommier et l'époque à laquelle on peut situer le début des relations entre l'homme, cet arbre et son fruit, l'autre relève de la linguistique et porte sur les raisons qui ont pu inciter les botanistes à nommer le pommier *Malus*, alors que la plupart des langues européennes emploient pour le désigner des noms qui paraissent avoir une étymologie sans aucun rapport avec celui-ci. C'est toute l'histoire du nom de la pomme !

Nous allons tenter d'apporter des éléments de réponse à ces deux questions.

L'histoire ethnobotanique de la pomme est particulièrement difficile à retracer et les spécialistes sont loin d'être d'accord entre eux pour situer avec exactitude son origine comme pour expliquer comment la sélection a pu faire d'un petit fruit, acerbe, à peu près immangeable, l'un des plus consommés du monde entier. Remarquons simplement ici que la plupart des différentes espèces de pommiers que nous connaissons à l'heure actuelle étaient igno-

Allégorie de l'équinoxe d'automne.

rées à l'époque où ont été élaborés les mythes qui ont donné naissance aux diverses valeurs symboliques de son fruit. En effet, il semble qu'à l'origine, les premières populations de l'Europe n'aient guère connu qu'une seule espèce de pommier, une espèce sauvage des bois et des forêts, dont les fruits étaient de petite taille, vert pâle, mouchetés de grandes taches blanches, rougissant à l'automne, et âpres au goût. Il s'agit du *Malus sylvestris* Mill. (appelé aussi dans les flores anciennes *Malus acerba* Merat.). C'est un petit arbre de 2 à 10 mètres de haut qui croît spontanément dans toute l'Europe entre le 65ème parallèle (Nord de la Scandinavie) et le 40ème parallèle (Caucase). Les branches de sa cime portent des rameaux qui sont parfois épineux. Ce pommier sauvage est peut-être celui que Plutarque mentionne dans sa *Vie d'Artaxerxès* (24.2) quand il décrit le pays des Cadusiens, situé au S.-O. de la mer Caspienne :

> « Un pays âpre et rude, couvert de brouillards et impropre aux semailles, qui ne nourrissait ses habitants belliqueux et vaillants que de poires, de pommes et d'autres fruits non cultivés ».

C'est probablement aussi cette espèce de pommier qui était considérée par les druides comme un arbre sacré, à l'égal du chêne et peut-être est-ce également cette espèce qui avait été retenue par les Celtes d'Irlande comme un des sept arbres du « bosquet sacré », en compagnie du bouleau, du saule, du houx, du noisetier, du chêne et de l'aune, ou encore comme un des sept « arbres chefs » avec le chêne, le noisetier, le houx, l'if, le frêne et le pin. Mais il est possible aussi que les Celtes aient connu d'autres espèces de pommiers, originaires de l'Asie centrale, en particulier *Malus dasyphylla* Borkh. Celle-ci, de taille peu élevée, généralement sans épine, a des rameaux tomenteux, des fruits de couleur jaunâtre, parfois partiellement rouge, de grosseur moyenne, à la saveur douce acide. C'est vraisemblablement cette espèce qui a été la plus anciennement cultivée de tous les pommiers à fruits comestibles, et qui s'est propagée de proche en proche dans toute l'Europe de l'ouest depuis la Russie méridionale et le Caucase, à la fois au gré des déplacements de populations en migration et dans le cadre d'échanges commerciaux, notamment par la vallée du Danube et le long de la Méditerranée. Elle dut contribuer, au gré d'hybridations spontanées ou pratiquées par les populations locales avec l'espèce sauvage, *Malus sylvestris*, à la création de l'espèce hybride, *Malus domestica* Borkh., qui regroupe tous les pommiers cultivés d'Europe. Nous ignorons à quelle époque remontent ces premières hybridations. Quelques découvertes archéologiques permettent toutefois d'avancer l'hypothèse qu'elles auraient pu intervenir dès le néolithique. On a pu, en effet, retrouver dans les « terramare » de

Parme et les palafittes de Lombardie, de Suisse et de Savoie des traces de consommation de pommes par l'homme. Les fruits découverts sur ces sites étaient coupés en deux et conservés, desséchés, comme provisions pour l'hiver. Ce mode de conservation se perpétuera d'ailleurs dans l'Antiquité. Or, si certaines des pommes exhumées provenaient très probablement de *Malus sylvestris*, le pommier sauvage, la taille de quelques-unes conduit à penser qu'il s'agissait de pommiers hybridés, donc vraisemblablement cultivés. Plus proches de nous, quelques textes égyptiens nous apprennent que le pommier avait été acclimaté et cultivé en Égypte dès l'époque des Ramessides, soit vers le XIVe siècle avant J-C. Son nom hiéroglyphique *dapih* que l'on peut rapprocher de l'arabe *taffah* et de l'hébreu *tappoukh* laisse supposer que le pommier aurait été importé de Syrie. Un papyrus nous apprend même que Ramsès III avait fait cadeau aux prêtres de Thèbes, de 458 paniers de pommes pour leurs offrandes. D'autres sources, plus récentes, prouvent l'extension de la culture du pommier dans l'Antiquité. L'auteur de l'*Odyssée*, poème homérique que l'on peut dater du VIIIe siècle avant J-C, décrit le merveilleux et mythique jardin d'Alkinoos, roi des Phéaciens où les arbres fruitiers donnent en abondance des fruits toute l'année. Le pommier y figure en bonne place :

> « Aux côtés de la cour, on voit un grand jardin avec ses quatre arpents, enclos dans une enceinte. C'est d'abord un verger dont les hautes ramures, poiriers et grenadiers et pommiers aux fruits brillants (ou splendides ?) et puissants oliviers et figuiers domestiques portent sans se lasser ni s'arrêter leurs fruits ; l'hiver comme l'été, ils donnent ; l'haleine du zéphyr qui souffle sans relâche, fait bourgeonner les uns et les autres, donner la jeune poire auprès de la poire vieillie, la pomme sur la pomme, la grappe sur la grappe, la figue sur la figue. » *(Odyssée,* VII. 112 sq.)

Dans un autre passage, Ulysse, de retour dans sa patrie, méconnaissable après la longue absence qui l'a séparé des siens, rappelle à son père Laërte des souvenirs d'enfance pour se faire reconnaître. Or, parmi ceux-ci, lui reviennent en mémoire les arbres que son père lui avait donnés alors qu'il était enfant :

> « Dans les murs de ce clos, je puis montrer les arbres que j'avais demandés et que tu me donnas, quand j'étais tout petit ; après toi, je courais à travers le jardin, allant de l'un à l'autre et parlant de chacun ; toi, tu me les nommais. J'eus ces treize poiriers, ces quarante figuiers avec ces dix pommiers. »
> *(Od.* XXIV, 336 sq.)

Il apparaît donc clairement au regard de ces textes que le pommier était un arbre couramment cultivé chez les Grecs. Il en était sans doute de même au Moyen-Orient. En effet, Hérodote men-

Cotonea Malus: *pomme de coing.*
(Ibid.)

tionne l'utilisation de la pomme comme motif décoratif dans plusieurs passages de ses Histoires. Il signale ainsi, par exemple, que les fantassins d'élite qui constituaient la garde du roi des Perses, Xerxès, avaient à la hampe de leurs lances des grenades d'or ou d'argent, mais aussi des pommes (Hist. VII. 41). Dans un autre passage, consacré à la description de l'habillement des habitants de Babylone, il précise que ceux-ci avaient l'habitude de porter à la main un bâton dont le pommeau était orné d'une rose, d'un lys, d'une pomme ou d'un aigle. (Hist. I. 195).

Ces quelques citations semblent prouver que la pomme était alors suffisamment connue et appréciée pour qu'elle soit non seulement un fruit de consommation courante, mais encore une source d'inspiration pour les artistes. D'ailleurs, Théophraste, disciple d'Aristote, qui vivait au IVe siècle avant notre ère, surnommé par la suite « le père de la botanique », avait réservé au pommier et à la pomme plusieurs passages de son *Historia plantarum*, si bien que ceux-ci, regroupés et classés, pourraient constituer la plus ancienne notice détaillée consacrée à cet arbre et son fruit qui nous soit parvenue de l'Antiquité.

Toutefois, la traduction des quelques textes de la littérature grecque qui paraissent concerner la pomme s'avère particulièrement délicate, car, si les Grecs utilisaient le mot *mêlon* (ou en dorien *malon*) pour nommer la pomme, ils employaient le même mot pour désigner toutes sortes de fruits qui lui ressemblaient.

La seconde question que nous avons soulevée plus haut au sujet du nom donné à la pomme se trouve donc posée dès la Grèce antique.

Les Grecs étaient en effet conscients de la difficulté à nommer ce fruit par le seul mot *mêlon* et c'est sans doute, pour éviter toute confusion avec un autre qu'ils ajoutaient parfois une épithète qualificative à celui-ci. Ainsi, par exemple, *kudônion mêlon* désigne le coing, *mêdikon mêlon* ou *persikon mêlon*, le cédrat, mais c'est loin d'être toujours le cas. On peut rapprocher ce procédé de celui utilisé en français pour désigner certains fruits qui présentent quelques ressemblances avec celui du pommier. Ainsi, par exemple, ne dit-on pas la pomme cannelle pour désigner l'anone, la pomme épineuse ou la pomme du diable pour le fruit du *Datura stramonium*, la pomme d'amour pour la tomate, la pomme de cajou pour le fruit de l'anacardier, la pomme de Cythère pour celui du spondias.... Et, comme de nos jours, le nom de la pomme, employé seul, peut encore prêter à confusion, le restaurateur se doit de préciser sur sa carte, s'il s'agit de pommes de terre ou de pommes « en l'air » quand le plat est accompagné de pommes.

Si les Grecs utilisaient le même mot *mêlon* pour nommer aussi bien la pomme que certains autres fruits de forme et de taille voisines, c'est probablement parce qu'ils avaient été frappés par leur commune rondeur, et, cette caractéristique revêtait à leurs yeux une telle importance qu'ils employaient par métaphore le même mot pour désigner aussi bien les joues, les seins d'une femme, les amygdales ou encore un certain type de coupe. Notons au passage que, pour que l'évocation soit compréhensible, la référence à la rondeur de la pomme doit, dans une certaine mesure, être associée à sa taille, relativement modeste : toutes les formes arrondies ne sauraient donc être comparées à la pomme ; ainsi, ce sont les seins de la femme que le mot évoque et non ses fesses. Notons aussi que, lorsque les Grecs employaient le mot *mêlon* (au pluriel *mêla*) pour désigner les seins féminins, de préférence à un autre terme, comme *kolkos*, *mastos*, ou *thêlê*, c'est qu'ils voulaient laisser entrevoir non seulement la forme et la dimension du sein, mais aussi sans doute sa beauté, peut-être avec une légère touche d'érotisme, plutôt que sa fonction nourricière. Aristophane le suggère clairement en choisissant d'employer le mot *mêlon* plutôt que « sein » lorsqu'il écrit dans sa comédie *Lysistrata*, (v. 155), que Ménélas fut si troublé à la vue des *mêla* (des pommes, c'est-à-dire des seins) d'Hélène qu'il en lâcha son épée ?

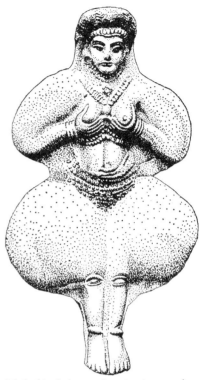

Idole féminine présentant ses seins. Terre cuite. Suse, 1000 av. J. – C.

Mais les Grecs ne sont pas les seuls à avoir été frappés par la rondeur de la pomme. C'est cette particularité qui est en effet la première à être citée dans les définitions que les plus connus des dictionnaires de la langue française donnent du fruit du pommier. Ainsi, par exemple, le célèbre Dictionnaire universel de Furetière, édité en 1690, définit la pomme comme

« le plus connu de tous les fruits, qui est rond et à pépins, qui vient en été et en automne, qui est bon à manger et à faire du cidre ».

Il en est de même du Dictionnaire de l'Académie française qui, dans son édition de 1798, donne, de la pomme, une définition succincte : « sorte de fruit à pépins, de forme ronde, bon à manger ». Les dictionnaires contemporains retiennent également la forme ronde de la pomme comme une de ses caractéristiques essentielles. Ainsi le Grand Robert de la langue française donne de la pomme la définition suivante :

« fruit du pommier de forme le plus souvent ronde, à pulpe ferme et juteuse, de saveur agréable ». Le Grand Larousse est plus nuancé tout en étant plus complet : « fruit du pommier, charnu, de forme plus ou moins arrondie, de couleur verte, jaune ou rouge, selon la variété, que l'on consomme frais, en compote, en beignets et dont on fait le cidre ou des jus ».

Cette caractéristique et les valeurs qui s'y attachent auront sans nul doute une importance primordiale dans l'élaboration et la pérennité de certains des symboles associés à la pomme, comme nous le verrons par la suite.

Si les Grecs sont restés dans le flou pour la nommer, les Romains n'ont guère clarifié la question. Comme souvent, dans le domaine de la botanique, ils ont emprunté au vocabulaire grec et ont appelé la pomme : *malum*. Dans son *De lingua latina*, ouvrage consacré à l'origine des mots latins, écrit au Ier siècle avant J.-C., Varron le reconnaît sans détour : « La pomme *(malum)* vient de ce que les Grecs d'Éolie disent *malon* ». Ce nom est en effet celui qui est le plus usité dans les textes latins pour désigner la pomme. Mais les Romains ont aussi utilisé les mots *pomum* et *abella* pour la nommer.

Ce dernier n'est pratiquement pas employé dans les œuvres de la littérature latine, et si on le rencontre dans un passage de l'Énéide de Virgile (VII. 740) c'est pour désigner une ville de Campanie, Abella, qui semble avoir été renommée à l'époque pour l'importance de ses vergers de pommiers. Cet emploi donne à penser que la langue italique avait peut-être conservé les noms de la pomme et du pommier, basés sur le radical *Ab, Af, Av* ou *Ob*, qui a donné en allemand *Apfel*, en anglais *Apple*, en irlandais *Aball*, en celte (armoricain) *Aval* et en russe *Jabloko*. Notons au passage que l'allemand utilise plusieurs mots composés avec *Apfel* pour désigner un fruit qui présente une certaine ressemblance avec la pomme, comme par exemple, la grenade : *Granatapfel* ou la baie de l'aubépine : *Schlafapfel* (appelée parfois en français « petite pomme du Bon Dieu »). Il en est de même, en anglais où *Apple* entre dans la composition de certains mots ou expressions pour désigner certains végétaux ou certains fruits comme, par exemple, *apple quince* (cognassier), *appleberry* (billardier), *bitter apple* (coloquinte), *pine apple* (ananas)…

Les langues latines, en revanche, ne paraissent guère avoir utilisé cette racine. En français, par exemple, on ne la retrouve que dans le nom de quelques localités, comme Avallon (Yonne), Availles (Île et Vilaine) ou encore Aveluy (Somme), sans doute parce que celles-ci présentaient d'importantes plantations de pommiers, ou bien parce que la qualité des pommes qui y étaient récoltées était particulièrement renommée. On la retrouve encore dans le mot aveline qui désigne non pas une variété de pomme, mais une grosse noisette. Cette acception provient du fait qu'en latin, l'adjectif *abellanus* (ou *avellanus)*, dérivé du mot *abella*, a été utilisé comme épithète du mot *nux*, la noix, pour désigner la noisette... peut-être parce que les noisetiers étaient abondants dans la région d'Abella ou bien encore parce que la forme de celle-ci évoquait celle d'une petite pomme ?

Toujours est-il que, pour nommer la pomme, les Romains ont délaissé le mot *avella* pour lui préférer le mot *malum*. On n'en connaît guère la raison et l'explication proposée par Isidore de Séville n'est pas satisfaisante. Dans ses *Étymologies*, ouvrage composé au VIe siècle après J.–C., dont un livre entier est consacré à l'agriculture et à la botanique, il écrit :

> « Les Grecs (et par suite les Romains) ont nommé le pommier *malum* parce que son fruit est le plus rond de tous les fruits des arbres ; d'où vient aussi que les vraies pommes sont celles qui sont très rondes. » (*Etym.* XVII, 7, 3.)

Cette explication est malheureusement inexacte. En effet, Isidore semble avoir cru que le caractère le plus évident de la pomme, sa rondeur, avait tellement frappé les Grecs que ceux-ci avaient été conduits à tirer le nom de la pomme *(malon,* au pluriel : *mala)* de l'adverbe *mala* (beaucoup)...

Quoi qu'il en soit, il est vraisemblable que les Romains ont importé le pommier de Grèce, en même temps qu'ils latinisaient son nom. *Malon* devint tout naturellement *Malum*. Mais, grâce aux différentes techniques de greffes qu'ils pratiquaient couramment, les Romains parvinrent à créer de nombreuses variétés de pommiers, dont Pline donne une liste commentée dans son *Histoire naturelle*, rédigée au Ier siècle avant notre ère. Ses remarques ne manquent pas d'intérêt. Elles sont variées et quelquefois surprenantes.

Il affirme par exemple bien imprudemment que dans le domaine de la création de nouvelles variétés d'arbres fruitiers, par les différentes techniques de greffage :

> « La civilisation est depuis longtemps déjà parvenue à son faîte : les hommes ont tout tenté... on ne peut rien imaginer de plus. En fait, depuis longtemps déjà, on ne découvre plus de fruits nouveaux. » (XV,57.)

Il ajoute par ailleurs que la greffe doit respecter un certain nombre de recommandations religieuses, comme, par exemple de greffer dans la croissance de la lune (XVII,108) ou encore d'interdits, comme celui de greffer inconsidérément n'importe quel espèce d'arbre sur n'importe quel autre. Qu'importe ces restrictions ! On ne se priva pas de tenter de nombreux essais. C'est ainsi que Pline signale avoir vu (XVII,120) un arbre sur lequel avaient été opérés

Persica Malus : *pêche. (Ibid.)*

différents types de greffes et qui donnait des fruits de différentes espèces :

« portant sur une branche des noix, sur une autre, des baies, ailleurs des raisins, des poires, des figues, des grenades et diverses variétés de pommes. »

À l'énoncé d'un tel prodige, on peut évidemment se demander si Pline n'avait pas été abusé par un cultivateur facétieux qui aurait pris plaisir à le mystifier en suspendant à cet arbre extraordinaire des fruits de différentes espèces… ?

Mais, à partir du moment où les Romains entreprirent de diversifier les pommiers, ils se heurtèrent au délicat problème de nommer les espèces nouvellement créées.

Une première difficulté se présenta à eux, dans la mesure où, comme pour les Grecs, le même mot désignait aussi bien la pomme que, plus largement, des fruits à pépins ou à noyau, généralement de forme ronde, à l'exception toutefois des baies, des prunes, des poires et des raisins. Comme les Grecs, ils tentèrent de surmonter l'obstacle en précisant par une épithète, le sens qu'il fallait accorder au mot *malum*. Ainsi, par exemple, *malum granatum* ou *malum punicum*, désignait la grenade, *malum citonium* ou *cotoneum* ou *cydoneum*, le coing, *malum persicum*, la pêche, *malum præcox*, l'abricot… Mais, ce faisant, s'ils parvenaient à distinguer la pomme des autres fruits qui présentaient avec elle une certaine ressemblance, il leur restait à mettre au point un système pour distinguer entre elles les différentes espèces ou les différentes variétés de pommes. Malheureusement, ils n'eurent pas l'idée de construire un code de nomenclature, même sommaire et ils furent à leur tour contraints d'avoir recours à différents procédés pour s'y retrouver. Par exemple, ils firent suivre le mot *malum* d'un adjectif forgé à partir du nom de celui qui avait créé la variété : Matius, Cestius, Mallius, Sceptius, Appius… Ils parlèrent donc de *malum matianum, malum cestianum, malum mallianum, malum sceptianum, malum appianum*, la célèbre pomme d'Api… Ils utilisèrent aussi le nom de la région principale de production ou d'origine de la variété. C'est ainsi qu'ils appelèrent *malum græculum*, la pomme de Grèce, *malum scantianum*, la pomme de Scantia, en Campanie, *malum amerinum*, la pomme d'Amerina, en Sabine… Ils employèrent aussi des adjectifs qualificatifs épithètes, précisant une de leurs qualités ou de leurs caractéristiques dominantes. Ce pouvait être la forme, le goût, la taille, la couleur ou l'aspect de la peau. Ainsi, par exemple, il y avait la *malum mustum* ou *melimelum* à cause de son goût voisin de celui du miel, l'*orthomastium*, parce que sa forme rappelait celle de certains seins de femme, (*orthomastios* signifiant en grec « au sein dressé »), *malum spadonium*, une pomme sans pépin par référence au mot grec *spadon* qui signifie eunuque, *malum pannuceum* par allusion au mot *pannus*, parce qu'elle présentait une peau fripée, *malum orbiculum*, à cause de sa forme sphérique... La mise en œuvre de ces différents procédés permet à Pline de dénombrer plus d'une vingtaine de variétés de pommes. Des auteurs latins plus récents, comme Columelle, Palladius ou encore Macrobe, en citent quelques autres, mais au total, les écrivains latins de l'Antiquité n'utilisent guère plus d'une trentaine d'expressions différentes pour désigner les variétés alors connues.

Les Romains employaient aussi un troisième mot pour désigner aussi bien un arbre fruitier qu'un fruit : le mot *pomum* ou parfois *pomus*. Celui-ci est à l'origine de notre mot pomme. Il mérite donc qu'on lui consacre quelques développements.

Le mot *pomum* n'est pas d'un emploi exceptionnel chez les auteurs latins. Ainsi le trouve-t-on, par exemple, dans les Bucoliques de Virgile (VII. 54) ou dans le traité *Res Rusticae* de Varron (I. 31). Toutefois, il ne désigne jamais la pomme, mais toutes sortes de fruits, sans désigner plus particulièrement l'un d'entre eux. D'ailleurs, chez les Romains, la nymphe Pomona — dont le nom provient de *pomum* — était celle qui veillait sur tous les arbres fruitiers et leurs fruits, sans distinction. Un bois sacré lui était consacré, le Pomonal, sur la route de Rome à Ostie et un flamine était responsable de son culte. Ovide raconte dans ses *Métamorphoses* comment elle fut séduite par le dieu Vertumne, divinité peut-être d'origine étrusque, considéré lui-même comme protecteur des arbres fruitiers, et la présente sommairement ainsi :

> « Nulle parmi les hamadryades du Latium, écrit-il, ne montra plus d'art dans la culture des jardins, nulle autre plus de goût pour les fruits, de là lui vient son nom. Ce ne sont ni les forêts, ni les fleuves qu'elle aime, c'est la campagne, les branches chargées de beaux fruits. » (XIV. 623 sqq.)

Pomona, d'après une gravure du XIXᵉ siècle.

Pomona est généralement représentée avec une serpe mais parfois aussi avec un fruit dans la main pour symboliser son art dans la culture des jardins.

Rappelons que les Romains appelaient le marchand de fruits *pomarius* et qu'ils désignaient par le mot *pomarium* à la fois le verger, sans indication des espèces d'arbres qui y étaient plantées, et le fruitier, c'est-à-dire l'endroit où étaient conservés les fruits. Il se peut que ce sens premier du mot *pomum* pour désigner les fruits en général se soit perpétué jusqu'à nos jours, par exemple dans les mots *poama* en roumain et *pomo* en italien, et ce sens général s'est maintenu, en français, dans le mot pomologie qui ne désigne

Medica Malus : *Citron. (Ibid.)*

pas l'étude des pommes, mais la partie de l'arboriculture consacrée à l'étude des fruits.

En revanche, l'étymologie du mot *pomum* reste inconnue. Les auteurs anciens eux-mêmes semblent l'ignorer, car ils en donnent des explications fantaisistes. Varron avance qu'on appelait peut-être les arbres fruitiers *poma* parce qu'ils avaient besoin de boire *(potare)* (R. 31. 5). Quant à Isidore de Séville, déjà cité, sa proposition *(Étymologies,* XVII. 6. 24), n'est guère plus sérieuse. Selon lui, en effet, « *pomum* viendrait de *opimus* (riche), c'est-à-dire de la richesse de production. »

Ce n'est que très tardivement que le mot *pomum* prit le sens restrictif de pomme, probablement vers la fin du IVe siècle. En effet, dans l'édit de Dioclétien, promulgué sans doute vers 301, qui établit un barème de taxation des denrées dans tout l'empire romain, c'est encore le mot *malum* qui est utilisé pour désigner les pommes. De même, Macrobe, écrivain latin du IVe siècle, qui consacre un long paragraphe de ses *Saturnales* aux différentes variétés de pommes connues de son temps, utilise encore le mot *malum* pour désigner aussi bien la pomme proprement dite que le coing, l'abricot, la pêche ou le citron. Il distingue ces différents fruits les uns des autres, en affectant des épithètes à chacun d'eux et réserve l'emploi du mot *pomum* à la désignation des fruits en général. En revanche, nous trouvons, vraisemblablement pour la première fois, le mot *pomum*, au sens de pomme, dans un texte de Marcellus Empiricus, auteur d'un ouvrage de compilation intitulé *De medicamentis*, rédigé au début du Ve siècle, consacré aux différents remèdes à composer pour guérir les affections les plus couramment observées de son temps. Nous citerons ce court passage en entier car, outre son intérêt historique, il offre la particularité de contenir à la fois le mot *malum* et le mot *pomum*, pris l'un et l'autre, semble-t-il, dans le sens de pomme : « *Rubi summitatem colliges et mala silvestria, rubum autem in mortario teres et silvestrum pomorum sucum exprimes et pariter miscebis ac fomentum inde factum calidum hemoroides adpones.* » (XXXI. 14) (Recueille la sommité d'un églantier et des pommes sauvages, broie l'églantier dans un mortier, exprime le jus des pommes sauvages et mélange à parts égales. Applique alors le calmant ainsi confectionné, chaud, sur les hémorroïdes).

Contrairement à ce que l'on aurait pu pronostiquer au regard de la longue histoire du mot *malum*, ce n'est pas ce dernier, mais le mot *pomum* qui fut adopté par les langues d'origine latine pour donner naissance aux différents mots servant à désigner le fruit du pommier. Mais cette préférence fut longue à s'affirmer. Dans le capitulaire de Charlemagne, « *De villis vel curtis imperialibus* » qui donne des directives sur les arbres et les plantes à cultiver dans les propriétés impériales, on trouve le mot *pomarius* pour nommer le pommier, mais encore *malum* pour préciser les différentes variétés de pommiers à planter. C'est dire qu'au IXe siècle, l'emploi du mot *pomum* n'a pas encore pris l'avantage sur celui du mot *malum*.

Au Moyen Âge, la culture du pommier se développe considérablement dans les régions du N.-O. de l'Europe où l'on a vraisemblablement utilisé aussi bien les mots *malum* et *malus* que *pomum* et *pomus* pour nommer la pomme et le pommier. Eugène Rolland, dans sa monumentale *Flore populaire*, note que l'on appelait alors le pommier sauvage : *pomus macianus, pomus maceanus, pomus macionis, pomasceamus*, ou encore *pomamaturianus* et la pomme : *macianum, maceanum, malamacium, marcianum, malum maliconum*... On reconnaîtra sans peine, sous ces différents noms l'un de ceux que Pline avait répertoriés : la pomme *malum macianum* qui devait son appellation à C. Matius, celui qui l'avait créée. Cette variété de pomme devint sans doute si courante que son nom finit par désigner la pomme en général dans certaines régions. La langue espagnole a d'ailleurs conservé cet usage en appelant *manzana* et *manzano*, la pomme et le pommier.

Quant au pommier cultivé, Eugène Rolland indique que le latin du Moyen Âge la nommait entre autre *malarius, melarius, melus, pomarius* ou *pomerius*, tandis que le fruit était appelé *pomum*. Dans la langue vulgaire, le mot *pume* pour la pomme et *pumer* pour le pommier se rencontrent pour la première fois, dans la *Chanson de Roland* (v. 386 et v. 2537), composée, sans doute, au début du XIIe siècle. Les linguistes pensent qu'il provient du bas latin *poma*, pluriel neutre à valeur collective pris comme substantif féminin singulier du latin *pomum*. L'usage paraît s'établir progressivement. Un siècle plus tard, Guillaume de Lorris, dans le *Roman de la Rose*, utilise le mot *pome* pour désigner les fruits de l'un des arbres du verger : « El vergier ot arbres domesches, noiz, pomes et poires, nesfles, prunes blanches et noires... » (v. 1344 sq). (Dans le verger, il y avait des arbres de nos pays qui portaient pommes et poires...).

À partir du XVIe siècle, le mot pomme est couramment employé pour désigner le fruit du pommier, et sert de référence pour désigner d'autres fruits généralement de forme ronde. On parle alors de pomme de coing, de pomme d'orange, de pomme de grenade, de pomme médice ou encore de pomme punicque. On n'avait décidément pas oublié la tradition grecque et romaine ! Signalons toutefois qu'à cette époque l'expression « pomme de paradis » désignait la banane et que la « pomme d'amour » était alors le surnom donné à l'aubergine (*mala insana* qui donna en italien *me-*

Auarantia Malus : *pomme d'orange*. (Ibid.)

Limonia Malus : *Limon (citron)*.

Calville blanche.

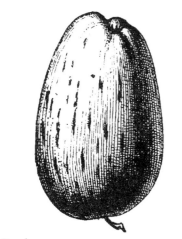
Rouleau rouge.

Calville Saint-Sauveur.

lanzana), peut-être à cause de sa forme et de sa taille qui pouvaient suggérer celles d'un phallus.

En dépit de cette évolution générale, les botanistes n'adoptèrent pas le mot *Pomus* pour nommer le pommier et restèrent attachés au mot *Malus* qui désigne aujourd'hui un genre botanique distinct, regroupant toutes les espèces de pommiers, cultivés ou non, et, bien entendu, toutes les variétés qui composent chacune des espèces, soit plusieurs milliers…! Ce chiffre impressionnant est le résultat du très grand nombre d'hybrides et de cultivars qui ont été produits, soit pour le fruit (pomme à couteau et pomme à cidre), soit pour l'ornement.

Face à cette prolifération de variétés de pommes et en dehors de tout système rigoureux et donc contraignant de classification, on vit fleurir, dans les régions de production, un nombre considérable de noms pour désigner les pommes, certaines variétés pouvant d'ailleurs porter plusieurs noms. Cette exubérance était déjà observée au XVIIe siècle. Furetière la notait dans son Dictionnaire universel en énumérant quelques-uns des principaux noms usités de son temps pour désigner les fruits du pommier, comme la passe-pomme, la cousinette, la pomme de rambourg, la pomme de franquetu, le court-pendu rouge, la pomme bardin, le fenouillet gris, la rainette, la calville, le petit-bon, l'Angleterre ou malingre, la pomme de croquet… Ainsi, l'imagination n'avait pas de limites. Au début de notre siècle, Eugène Rolland entreprit de recenser les divers noms ou expressions donnés à la pomme dans les différentes régions françaises. Nous nous limiterons à ne livrer ici qu'un seul exemple pour montrer l'extraordinaire richesse du vocabulaire utilisé pour désigner une seule variété de pomme : la pomme douce à trochet. Celle-ci est appelée pomme de troche, pomme douche, doux aux vèpes (c'est-à-dire aux guêpes) qui deviendra au fil des transmissions orales déformantes l'incompréhensible et inattendu doux-évêque (que l'on expliquera aussi par la légende de saint Magloire que nous évoquerons plus loin), pomme de bouteille ou plus simplement bouteille, barrette, doux d'argent, ostoyate, pomme d'Adam, pomme de Saint-Louis…

Sans doute certaines variétés ont-elles été plus prisées que d'autres et par suite plus connues, au point d'être célébrées par des chansons, comme celle-ci que rapporte Charles Nodier dans ses *Nuits d'Octobre* (XV. Baratte) et qui servait, de son temps, aux grossistes des Halles de Paris, à attirer les acheteurs :

« Pommes de reinette et pommes d'api !
Calvil, calvil, calvil rouge !
Calvil rouge et calvil gris ! »

Étonnante chanson qui date du Premier Empire, et qui est parvenu jusqu'à nous plus ou moins transformée dans les refrains des rondes enfantines où, par exemple « calvil » a été converti en un surprenant « tapis » !

En peinture, l'extraordinaire diversité des variétés de pommes a tant suscité l'intérêt des artistes qu'elle se retrouve dans un nombre considérable de natures mortes parmi lesquelles celles de Cézanne sont certainement les plus célèbres.

Malheureusement, depuis cette époque et surtout depuis la seconde guerre mondiale, de nombreuses variétés de pommes ont disparu, leur culture ayant été abandonnée à la suite de l'exode rural, de la désertification des campagnes, et aussi du fait de la concentration de la production sur les seules variétés les plus productives. Fort heureusement, depuis une quinzaine d'années, on assiste en France à la constitution de plusieurs Associations dont le but est de tenter de sauver de l'oubli les diverses variétés qui ont pu être autrefois cultivées dans les différentes régions de notre pays. Elles se livrent à un patient travail d'inventaire, en s'appuyant sur la mémoire et le témoignage des anciens exploitants agricoles locaux et elles ont entrepris la constitution de véritables vergers conservatoires où les variétés retrouvées sont remises en culture et le nom local de chacune d'elles soigneusement répertorié.

En sens inverse, on observe à l'heure actuelle, une certaine tendance dans le langage courant, amplifiée aussi bien par les centres de production que par les réseaux de distribution, à ne plus utiliser le mot pomme suivi de son épithète pour en désigner la variété, mais à se contenter d'employer son épithète qualificatif en le substantivant. Ainsi, dira-t-on couramment : [Reine des] Reinettes, [Vista] Bella, [Belle de] Boskoop, Golden, Granny Smith, Starking, [Royal] Gala…. Le mot pomme n'est même pas suggéré. Il est purement et simplement escamoté ! Signe des temps qui ne fera certainement pas le bonheur des futurs chercheurs qui auront l'idée, dans quelques siècles, de s'intéresser à la pomme, car ce phénomène qui concerne également d'autres fruits ne peut conduire qu'à une grande confusion !

On ne saurait clore ce chapitre consacré au nom de la pomme sans évoquer quelques-uns des mots ou quelques-unes des nombreuses expressions qui lui font référence. Il est aisé de retrouver dans la plupart de celles-ci une évocation de sa rondeur, caractéristique première de ce fruit, perçue dès l'origine par les Grecs. Ne fait-on pas en effet implicitement allusion à sa forme ronde quand on parle d'une pomme d'arrosoir, d'une pomme de douche,

Reinette du Canada.

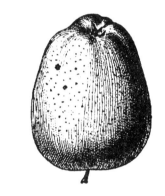

Calville rouge d'hiver.

Grand Alexandre.

Pommes de Chine.

Court-pendu plat.

Api étoilé.

de la pomme d'une canne, de la pomme d'une rampe d'escalier, mais aussi d'un chou, d'une salade, d'un ciel ou bien encore d'un cheval pommelé ?

La référence est sans doute plus subtile mais non moins certaine dans plusieurs mots ou expressions, dont nous nous limiterons à donner quelques exemples :

- la pommette est la partie saillante et généralement colorée de la joue, au-dessous de l'angle extérieur de l'œil, correspondant à l'angle malaire, et dont la forme ronde peut rappeler celle d'une petite pomme, chez certaines personnes où elle est particulièrement prononcée,

- le pommeau désigne aussi bien la partie arrondie de la poignée d'un sabre ou d'une épée que l'arcade antérieure de forme ronde de l'arçon d'une selle,

- le *pomander* (ou *pomandre*) est un petit bijou, très en vogue au XVe et au XVIe siècle, en or ou en argent, de forme sphérique, s'ouvrant en quartiers servant de réceptacles à des parfums secs, considérés comme les plus efficaces par la médecine de l'époque pour se protéger de la peste, des maux de têtes, des fièvres, des hémorragies. On l'appelait aussi pomme de senteur, pomme d'ambre, ou pomme à musc, à cause des parfums qu'il contenait généralement, mais on pouvait aussi y glisser ciste, citron, cinnamome, styrax, bois d'aloès, de rose ou de santal,

- la pomme d'Adam est une saillie plus ou moins apparente, de forme plus ou moins ronde à la partie supérieure du cou des hommes, formée par le cartilage thyroïde du larynx, probablement en relation avec la consommation du fruit défendu du jardin d'Éden sur lequel nous reviendrons longuement au chapitre 3.

- une pomme, en langage populaire désigne la tête ou la figure, toutes deux souvent rondes. Et, depuis le XIXe siècle, on emploie l'expression imagée « se sucer la pomme » pour signifier s'embrasser.

Par métonymie, une pomme peut aussi vouloir dire une personne et pourquoi pas « moi ». Souvenons-nous, en ce sens, de la célèbre chanson de Maurice Chevalier : *Ma pomme*,

«C'est moi.
J'suis plus heureux qu'un roi
Je n'me fais jamais d'mousse,
En douce,
Je m'pousse !
S'font du souci pour moi,
Les hommes,

Je l'crois
Car pour être heureux comme
Ma pomme, ma pomme
Il suffit d'être en somme,
Aussi pénard que moi. »

Mais dans certains cas, une pomme peut désigner non pas le bienheureux « pénard » célébré par le chanteur, mais une personne niaise, crédule, bref, une sotte dont on peut facilement profiter, sens qui est aussi et sans doute plus souvent associé à la poire.

Toutefois, si un grand nombre de mots ou d'expressions s'expliquent par une référence à la rondeur de la pomme, il en est d'autres dont il faut rechercher l'étymologie ailleurs.

Ainsi, par exemple, le mot pommade tire son origine du mot italien *pomada* (ou *pomata*) qui désignait au XVIe siècle, un onguent à base de pommes cuites avec de l'axonge alors employé pour adoucir les crevasses des lèvres, des seins et des mains.

À la même époque, le mot pomme était souvent employé pour exprimer l'idée de très peu de chose, ou de très peu de valeur, sans doute parce qu'on trouvait des pommes partout. Encore au XIXe siècle, l'expression « c'est comme des pommes » signifiait : « ce que vous faites est inutile, sans valeur ». Et, lorsque nous disons encore aujourd'hui « il est haut comme trois pommes », on entend qu'il est vraiment de petite taille ! À l'inverse, l'exclamation populaire « c'est aux pommes » employée couramment depuis la fin du XIXe siècle, signifie : « c'est excellent, de première qualité » peut-être parce que la tarte aux pommes était alors la plus appréciée des pâtisseries de famille ?

Quant à l'expression « tomber dans les pommes » elle a donné matière à discussion entre linguistes, les uns pensant que pommes serait ici une corruption de pâmes, ancien mot qui signifiait pâmoison, les autres qu'elle aurait pour origine l'expression « être dans les pommes cuites » qui signifiait au XIXe siècle « être dans un état de grande fatigue, d'usure, sans défense », une pomme cuite désignant par ailleurs à cette époque une personne molle et sans énergie. Nous ne saurions trancher !

L'histoire du nom de la pomme, que nous n'avons pu tracer ici qu'à grands traits, apparaît donc longue et complexe. Elle laisse d'autant plus perplexe qu'elle reflète combien les hommes ont paradoxalement éprouvé de difficultés, tout au long des siècles et jusqu'à aujourd'hui, à nommer ce fruit qui a pourtant été — et reste sans doute encore — l'un des plus consommés sur la surface de la terre.

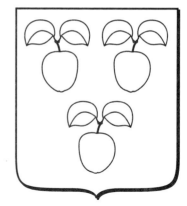

*D'argent à
trois pommes de gueules
tigées et feuillées de sinople*

*De sable à
un pommier d'argent
fruité d'or*

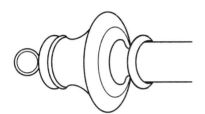
Pomme de barre de rideau

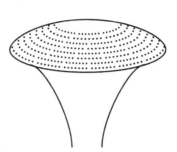
Pomme d'arrosoir

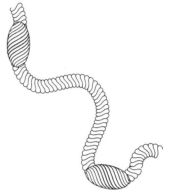
Pomme de tournevire

Pomme de racage

Pomme de vase

Pommeau de rapière

Croix pommetées

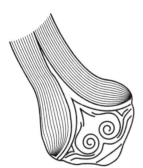
Pommeau de pistolet

Croix de l'Ordre du Saint-Esprit

Croix de Toulouse

Ève. Fragment d'un linteau d'une porte latérale de la cathédrale Saint-Lazare. Autun, XIIe siècle.

CHAPITRE II

AUX SOURCES DE LA SYMBOLIQUE DE LA POMME

Parmi les différentes caractéristiques de la pomme, c'est surtout sa forme ronde, nous l'avons souligné au chapitre précédent, qui, de tout temps, semble avoir particulièrement attiré l'attention. C'est elle qui est à l'origine des nombreuses métaphores et métonymies qui font référence à ce fruit. Mais cette seule particularité ne saurait justifier que les Grecs, par exemple, aient choisi la pomme pour jouer un rôle essentiel dans des mythes aussi différents les uns des autres, comme celui du Jardin des Hespérides ou celui du Jugement de Pâris, mythes qui sont à la source de certains des symboles les plus connus de la pomme.

Nous sommes donc conduits à rechercher quels sont les autres caractères de ce fruit qui ont pu tout particulièrement attirer l'attention sur lui et conduire à le sélectionner parmi tant d'autres

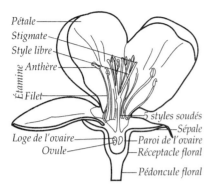

Coupe longitudinale d'une fleur de pommier.

pour lui accorder une place privilégiée dans nombre de mythes et de légendes. Examinons-le donc de plus près, sans entrer pour autant — que le lecteur se rassure — dans une analyse trop technique. Un minimum d'explication botanique est néanmoins nécessaire pour comprendre ce qui a pu chez lui susciter l'intérêt.

Commençons par regarder la fleur du pommier, qui donnera naissance au fruit. On observe qu'elle est formée de différents éléments disposés en cercles, placés régulièrement les uns à l'intérieur des autres. En partant de l'extérieur vers l'intérieur, on distingue :

— des organes protecteurs :

- 5 sépales, verts ou parfois légèrement rougeâtres dont l'ensemble constitue le calice
- 5 pétales roses ou blancs formant la corolle,

— des organes reproducteurs qui se trouvent au centre de la fleur :

- les étamines en nombre variable (entre quinze et cinquante) selon les espèces de pommier ; chacune est composée d'un filet qui supporte à son extrémité une anthère creusée de 4 sacs remplis de grains de pollen. Ce sont les éléments mâles de la fleur,
- 5 carpelles soudés en un pistil ou organe femelle de la fleur. Chacun comporte un ovaire, surmonté d'un fin prolongement, le style, terminé par une sorte de bouton, le stigmate ; l'ovaire est creux et contient généralement deux ovules qui deviendront plus tard les pépins. Les carpelles sont en outre soudés à l'extrémité évasée et concave du pédoncule appelée réceptacle de la fleur.

L'ovaire offre la particularité d'être infère, c'est-à-dire qu'il semble placé au-dessous de la fleur où il forme avec les sépales et les pétales un renflement plus ou moins volumineux. Ainsi, ce qui semble être la paroi externe de l'ovaire est en réalité formé par la base soudée des sépales et des pétales qui sont collés à lui. Le schéma ci-contre illustre cette description sommaire dont l'un des objets est de mettre en évidence l'importance du nombre 5, qui n'est pas passée inaperçue aux yeux de ceux qui se sont penchés sur cette fleur. Nombre d'entre eux interpréteront cette particularité, lui donneront des sens cachés d'où ils tireront des significations symboliques.

Examinons maintenant le fruit auquel cette fleur a donné naissance. En fait, à l'examen de son processus de formation, les botanistes considèrent qu'il ne s'agit pas d'un fruit, mais d'un « faux fruit ». En effet, si, dans leur immense majorité, les fruits proviennent de la maturation de l'ovaire après que les grains de pollen aient fécondé les ovules qu'il contient, on constate que, pour sa part, la pomme s'est formée différemment. Pour tenter de l'expliquer succinctement, il nous faut rappeler au préalable deux notions fondamentales.

La première porte sur la structure générale d'un fruit. Celui-ci se compose :

— d'un ovaire, creux au centre, qui contient les graines provenant des ovules fécondés,

— une paroi (ou péricarpe) qui comprend :

- l'épicarpe (du grec *epi* : dessus, et *karpos* : fruit), souvent très mince que l'on appelle communément la peau du fruit. Il est généralement coloré et peut être, par exemple, vert, jaune, rouge, ou encore panaché de différentes couleurs, selon les espèces. C'est l'ancien épiderme externe de l'ovaire,

- le mésocarpe (du grec *mesos* : au milieu et *karpos* : fruit) qui est à l'origine le tissu végétal compris entre la paroi extérieure et la paroi intérieure de l'ovaire. C'est la chair du fruit,

- enfin, l'endocarpe (du grec *endon* : intérieur et *karpos* : fruit) constitué par l'ancien épiderme interne de l'ovaire. Il forme, en général, l'enveloppe de protection de la graine.

La seconde notion concerne la classification habituelle et sommaire des fruits. On distingue en général les fruits charnus à maturité et les fruits secs. Les premiers ont un péricarpe relativement épais, mou, charnu, riche en eau, souvent sucré et se subdivisent en deux catégories : les baies et les drupes. Les baies ont leurs graines, appelées pépins, directement noyées dans la pulpe, c'est-à-dire la chair du fruit ; les grains de raisin en fournissent un bon exemple. Les drupes, comme la cerise, ont au contraire leurs graines enfermées dans un noyau dur qui constitue la partie interne du fruit. Quant aux fruits secs, disons rapidement qu'ils ont un péricarpe mince, ligneux, pauvre en eau et se divisent également en deux groupes, selon qu'ils s'ouvrent ou non à maturité. On trouvera ainsi des akènes, des capsules, des gousses, ou bien encore des syliques.

Au regard de ces critères de classement sommairement rappelés, la pomme ne semble pas trouver sa place. En effet, les fruits, qu'ils soient charnus ou secs, proviennent de l'évolution du pistil, après la fécondation : l'ovaire se transforme en fruit tandis que l'ovule évolue en graine. Or, dans le cas de la pomme, ce n'est pas ce qui se produit. C'est en effet, non pas le pistil, mais une autre partie de la fleur, le réceptacle, qui lui donne naissance. Pendant la fructifi-

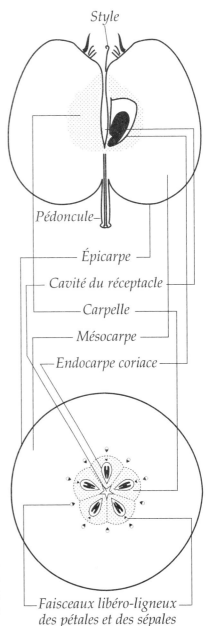

cation, il y a eu à la fois maturation de l'ovaire et du réceptacle. Celui-ci, en se transformant, est devenu la chair du fruit tandis que les parois internes des ovaires ont pris une consistance lisse, cartilagineuse et transparente, délimitant 5 loges qui contiennent chacune deux pépins.

Si l'on observe sommairement une pomme au terme de sa croissance, on peut facilement remarquer aux deux extrémités du fruit:
- d'une part, le pédoncule ou « queue » qui n'est autre que celui, développé, de la fleur.
- d'autre part, à l'opposé, au sommet du fruit, une petite dépression, appelée souvent l'œil ou encore le nombril de la pomme au fond de laquelle on peut reconnaître les sépales et les étamines desséchés de la fleur.

Si, par ailleurs, on pratique une coupe transversale de la pomme, perpendiculairement à son pédoncule, il est aisé de distinguer
- la peau, très mince, colorée, souvent rendue brillante par la cuticule,
- de la chair ou pulpe, épaisse, tendre, juteuse, à la saveur variable, allant du sucré à l'acide, qui se répartit en deux zones séparées par un fin liseré ; à l'extérieur, directement sous la peau, la chair proprement dite qui provient du réceptacle et à l'intérieur une étoile à 5 branches formée par la paroi interne de l'ovaire dont chacune contient généralement deux pépins. Ceux-ci seront libérés à la suite de la putréfaction de la pomme, car celle-ci est un fruit indéhiscent, c'est-à-dire qui ne s'ouvre pas.

Le lecteur nous pardonnera, nous l'espérons, ce bref exposé botanique. Mais comment parler d'un fruit sans en faire la description, si sommaire soit-elle ! Celle-ci s'avère d'autant plus nécessaire que la plupart des symboles exprimés par la pomme ont pour origine une ou plusieurs des caractéristiques que nous avons succinctement rappelées ci-dessus.

Les Anciens, Grecs et Romains, avaient sans doute fait toutes ces observations, aisées à l'œil nu, mais ils les avaient interprétées et intégrées dans des systèmes de classification qui reposent en grande partie sur des oppositions constatées entre les composants d'un même ensemble. Ces systèmes sont largement inspirés des considérations d'Aristote sur les quatre constituants ultimes de la matière: la terre, l'eau, le feu et l'air et sur les oppositions de leurs qualités élémentaires tangibles: le chaud et le froid, le sec et l'humide, le lourd et le léger, le dur et le mou, le visqueux et le friable, le rugueux et le lisse, l'épais et le mince... toutes ces oppositions pouvant cependant, selon Aristote, être finalement ramenées aux deux premières (Aristote : *De la génération et de la corruption*, 330 a).

C'est en s'inspirant de ces principes que les Romains, par exemple, ont été conduits à répartir les fruits en deux ensembles qui s'opposent : d'une part les fruits à pépins ou à noyaux, ce qui correspond à nos fruits charnus, d'autre part les fruits à amandes c'est-à-dire nos fruits secs. Ils ont nommé les premiers *Mala* (pluriel de *Malum*), nous l'avons vu au chapitre précédent, et les seconds *Nuces* (pluriel de *Nux*). Cette classification s'appuie sur plusieurs oppositions parmi lesquelles le mou et le dur, le sec et l'humide sont particulièrement privilégiés. Elles paraissent évidentes à première vue, à l'observation du fruit, et pourtant une telle méthode comporte des écueils, comme par exemple celui de définir les limites précises entre l'humide et le sec ou bien encore de justifier le choix de la partie du fruit qui doit être prise en compte pour le classement. Des divergences devaient sans nul doute se faire jour entre les spécialistes ! Ainsi, par exemple, Macrobe, auteur latin didactique du IVe siècle, rappelle dans ses *Saturnales* :

Pomme coupée en « quartiers de roi », par fantaisie ou pour amuser les enfants (XIXe siècle). On disait aussi en « quartiers de Paris.

> « Il est des écrivains agronomiques qui établissent la distinction suivante entre *nux* et *malum*. Ils appellent *nux* tout fruit qui, étant dur à l'extérieur, renferme intérieurement un corps bon à manger ; et ils appellent *malum* tout fruit qui, étant extérieurement bon à manger, renferme à l'intérieur un corps dur. » Et il ajoute : « d'après cette définition, la pêche, que le poète Suévius compte au nombre des nuces devrait être rangée plutôt parmi les *mala*. »

La confusion perdura sans doute pendant tout le Moyen Âge.

Signalons toutefois une tentative originale de classification des fruits quelque peu différente, et, sans doute plus subtile, en trois groupes, qui semble avoir eu cours en Italie vers la fin du XIVe et au XVe siècle. Elle repose sur l'idée qu'il existe trois sortes de fruits : ceux dont on mange l'intérieur et non pas l'extérieur, ceux dont on mange l'extérieur et non l'intérieur, ceux enfin dont on mange aussi bien l'intérieur que l'extérieur. Elle inspira même alors quelques poètes, particulièrement sensibles aux charmes des fruits. Nous en donnerons pour exemple les extraits suivants d'un auteur malheureusement anonyme dont le texte a été récemment publié. Il s'y mêle curieusement des considérations d'ordre botanique, médical, gastronomique, voire philosophique ainsi que des références aux concepts aristotéliciens :

> « Les fruits naissant dans ce monde sont
> longs, transversaux et quelquefois ronds,
> Quelques-uns sont doux dedans et quelques-uns dehors
> Et d'autres nous régalent avec les deux. »

35

Il chante successivement, par groupes de sept :

- Les fruits dont on mange l'intérieur et non l'extérieur : noix, noisettes, amandes, pignes, oranges, châtaignes et grenades,

- Les fruits dont on mange l'extérieur et non l'intérieur : nèfles, prunes, cerises, merises, cornouilles, dattes et pêches,

- Enfin les fruits dont on mange aussi bien l'intérieur que l'extérieur : figues, poires, pommes coings, sorbes, cédrats et mûres noires.

Le poète consacre une strophe à chacun d'eux. Nous nous limiterons à donner ci-dessous les quatre vers consacrés à la pomme :

« Je suis la pomme, simple, forte et douce,
De qui me mange trop, j'altère la voix
Et si un malade trop chaud me mange cuite
C'est qu'il a sens et raison. »

Cette tentative de classement, pour intéressante qu'elle fût, demeura néanmoins sans lendemain...

Mais revenons aux Anciens. S'ils avaient imaginé de classer les fruits en deux ensembles qui correspondent en gros à leur répartition entre fruits charnus et fruits secs, ils ne s'en tinrent pas à un seul critère pour répertorier les plantes et les fruits. Préoccupés par la question de savoir comment les végétaux se reproduisaient, ils furent tout naturellement conduits à s'interroger sur leur sexe. Les auteurs les plus anciens qui ont réfléchi sur la question pensèrent tout d'abord que les plantes étaient bisexuées. Empédocle, par exemple, avançait l'idée que « les arbres sont les premiers vivants à être sortis de la terre avant que le jour et la nuit ne fussent distincts. Du fait de la symétrie du mélange, ils enveloppent en un être unique, la proportion du mâle et de la femelle ». Aristote paraît partager la même conception : « Chez les plantes, dit-il, la femele n'est pas distincte du mâle ». Il faudra attendre Théophraste pour que soit mise en doute, sinon catégoriquement réfutée, cette conception de la bisexualité des végétaux et par voie de conséquence, celle de leur génération spontanée. Après avoir finalement admis qu'il y avait des plantes mâles et des plantes femelles, les Grecs comme, plus tard les Romains, furent confrontés au problème de les distinguer aisément les unes des autres. S'inspirant des oppositions chères à Aristote, ils furent amenés à considérer que, dans le monde végétal, pour une espèce donnée, la plante mâle était celle qui était la plus robuste, la plus rugueuse, la plus hérissée de poils, tandis que la plante femelle était celle qui paraissait la plus faible, la plus molle, la plus lisse, la plus glabre, la plus apte à porter des fruits. Ces principes qui concernaient d'abord les plantes ont été aussi appliqués aux fruits, si bien que ceux qui sont charnus et contiennent une part importante de liquide ont été considérés comme ayant une affinité particulière avec le sexe féminin, sans que l'on ait pu dire explicitement qu'ils étaient eux-mêmes de sexe féminin. Ainsi, la pomme sera tout naturellement classée du côté féminin dans la plupart des mythes où elle est appelée à jouer un rôle majeur. Elle y sera inséparable de la femme. Elle est en effet considérée comme un fruit juteux où l'élément humide tient une part importante. Elle comprend près de 80 % d'eau !

Allégorie du mois d'août.

La pomme présente une autre caractéristique sur laquelle nous avons insisté en la décrivant : elle possède en son sein une sorte de réceptacle alvéolé dans lequel sont logés les pépins. Or, les Grecs, et plus tard les Romains qui adoptèrent leurs conceptions sur ce point, considéraient que les fruits qui contenaient des graines ou des pépins, nombreux et bien visibles, exprimaient par cette particularité une certaine relation avec la fécondité. La grenade, par exemple, était considérée comme le symbole de la fécondité par excellence à cause de ses très nombreux pépins. Par sa forme et par sa taille, elle était perçue comme proche parente de la pomme. N'oublions pas en effet qu'elle était appelée par les Romains pomme grenade *(malum granatum)* ou également pomme punique *(malum punicum)*. Les pépins présents dans la pomme sont sans doute moins nombreux que dans la grenade, mais plus abondants que dans bien d'autres fruits. Aussi la pomme pouvait-elle prétendre à évoquer également la fécondité, d'autant que l'augmentation progressive de la taille du fruit entre le moment de son apparition au bout d'un rameau à la suite d'une fleur fanée et celui de sa maturité pouvait aisément être comparée à l'évolution tout en rondeur du ventre de la femme enceinte. L'association de la fleur et de la femme est un thème maintes fois traité dans la littérature et sans doute l'un des plus connus. On perçoit même cette relation privilégiée dans le vocabulaire courant. L'hymen n'est-il pas comparé à une fleur ? et déflorer qui signifiait à l'origine « dépouiller de ses fleurs » a pris aussi le sens métaphorique de « faire perdre sa virginité à une jeune fille ». Sans doute, cette association ne s'applique-t-elle pas plus particulièrement à la fleur du pommier, mais le parallélisme entre l'évolution de la grossesse de la femme et l'évolution de la fleur vers le fruit est peut-être plus particulièrement marqué chez le pommier où subsistent sur le fruit lui-même certains éléments de la fleur, les sépales et les étamines flétries du côté opposé à la queue.

La pomme présentait donc des particularités morphologiques suffisantes pour évoquer à la fois la féminité et la fécondité. Or d'autres considérations sont venues renforcer une telle approche symbolique du fruit.

En effet, à côté des oppositions du mou au dur et du sec à l'humide, les Anciens se sont également intéressés à celle du chaud au froid pour classer les plantes. Les Grecs notamment, peut-être à la suite d'Empédocle, ont eu tendance, en fondant leur opinion sur des critères d'ailleurs assez confus, à estimer que ce qui était froid devait être affecté au sexe féminin et ce qui était chaud au sexe masculin. C'est sur cette base fragile de classification que par la suite, la pomme devait tout naturellement être considérée comme froide. On peut lire, par exemple, dans le célèbre commentaire que le médecin siennois Pierre André Matthioli fit au XVIe siècle de l'œuvre de Dioscoride, médecin grec du Ier siècle de notre ère :

> « Au reste, il ne faut user des pommes, pour bonnes qu'elles soyent, si elles ne sont meuries sur l'arbre ; car elles sont froides et de difficile digestion et donnent mauvaise nourriture : car elles causent des humeurs froides et un peu grosses ».

Toutefois, selon les auteurs et les époques, les classifications ont pu différer. Telle plante qui est considérée par un auteur comme chaude et sèche peut être décrite par un autre comme froide et humide. Ainsi, par exemple, dans son *Livre des subtilités des créatures divines*, Hildegarde de Bingen, qui vécut au XIIIe siècle, indique que

> « le pommier est chaud et humide et contient tellement d'humidité qu'elle s'écoulerait si elle n'était pas maintenue par la chaleur ».

En revanche, la pomme sauvage *(Malum macianum)* est considérée comme froide et sèche par l'auteur du *Livre des simples médecines,* célèbre recueil de remèdes composé vraisemblablement au XVe siècle.

Il sembla cependant que cette répartition des végétaux selon le seul critère d'opposition entre le froid et le chaud était insuffisant pour leur utilisation thérapeutique. En se fondant sur les écrits de Galien, médecin grec du IIe siècle après J.-C., on chercha à nuancer chacune des quatre qualités élémentaires aristotéliciennes (chaud, froid, sec, humide) et on leur attribua un « degré » de classement, échelonné de un à quatre, selon leur concentration.

Et dans les ouvrages de matières médicales, écrits durant tout le Moyen Âge et jusqu'au XVIIIe siècle, les qualités des « simples » (c'est-à-dire des substances qui ne sont pas destinées à être mélangées) seront classées selon leur degré. On trouvera, par exemple, la définition de ce concept dans ce bref passage du *Grant Herbier,* ouvrage édité au début du XVIe siècle qui traite à la fois de botanique et de médecine. Le degré,

> « c'est la quantité en quoi une médecine est chaude, froide, sèche ou humide. Il y a quatre degrés en médecine. Le quatrième degré, c'est quand la médecine est si chaude qu'elle ne peut plus agir sans occire. Elle occirait qui en userait en grande quantité. Celle du troisième degré est de chaleur moindre, mais si grande encore que la personne qui en userait souvent serait malade. Le second degré a encore moins de chaleur, mais assez cependant pour qu'on s'aperçoive manifestement qu'elle échauffe quand on en use. Le premier degré, c'est quand il n'y a que peu de chaleur en sus de la complexion propre de la personne, et cette chaleur est si faible qu'on ne s'aperçoit point qu'elle échauffe le corps après un seul usage du remède, mais on s'en aperçoit après un usage prolongé ».

C'est loin d'être clair pour nous, mais les spécialistes de l'époque s'en satisfaisaient et en tenaient, semble-t-il, le plus grand compte.

Ainsi par exemple, pour eux, le fenouil était chaud au quatrième degré et sec au premier degré tandis que la ciguë était humide au quatrième degré et froide également au quatrième degré. Quant à la pomme, tout dépendait de son goût ! Selon un traité du XIVe siècle, on devait distinguer les pommes douces qui étaient humides au 2ème degré et les pommes acides qui étaient froides et sèches au 2ème degré. (*Tacuinum sanitatis* de la Bibliothèque nationale d'Autriche.)

Ces classification subtiles et complexes des diverses espèces végétales, imaginées en application des conceptions d'Aristote et de Galien, eurent une grande importance, non seulement dans le domaine de leur utilisation médicale, mais aussi dans celui de la symbolique botanique.

Il existait toutefois également d'autres systèmes de répartition des plantes, organisés à partir de critères différents, qui eurent aussi une certaine influence à l'occasion de la constitution de plusieurs symboles végétaux. Les Romains, par exemple, avaient établi que les arbres les plus courants pouvaient être répartis en « *arbores felices* » et « *arbores infelices* » ! Ces épithètes renvoient chacune à deux notions qui se superposent et se complètent. *Felix* signifie d'abord « fécond, fertile, qui porte des fruits ». C'est une notion simple et il suffit d'observer l'arbre. Mais cet adjectif peut avoir aussi un autre sens et qualifier une plante en lui accordant une valeur. Il peut en effet signifier également « favorable, propice, de bon augure » tandis que, par opposition, *infelix* pourra vouloir dire « improductif, stérile » ou encore « portant des fruits non comestibles » mais aussi « sinistre, funeste, maudit, portant malheur ». Macrobe déjà cité nous rapporte (Sat. 3.20) que les arbres « favorables » sont les différentes espèces de chêne, le hêtre, le coudrier, le sorbier, le figuier blanc, le poirier, le pommier, la vigne, le prunier, le cornouiller, le micocoulier. Quant aux arbres porteurs de malheurs, ce sont ceux qui sont « sous la protection des dieux infernaux » et dont il faut se préserver. Ce sont : l'alaterne, le cornouiller sanguin, la fougère, le figuier noir, les arbres qui produisent des baies noires ou des fruits de cette couleur, le houx, le poirier sauvage, le fragon, les ronces, et les épineux ; tous ces arbres qui sont de mauvais présages doivent être brûlés. On peut déduire de cette classification que le pommier cultivé qui n'est pas épineux et ne produit pas de fruits de couleur noire devait être perçu par les Romains comme un arbre de bon augure. Les Grecs aussi semblaient avoir pour cet arbre une opinion particulièrement favorable. On se reportera, par exemple, pour en avoir une idée plus précise, à un long passage (III. 80 sq) qu'Athénée consacre aux différentes espèces de pommes dans son *Banquet des Sophistes*, écrit au IIIe siècle après J.–C. Il y fait notamment référence à plusieurs auteurs qui, avant lui et à des titres divers, avaient écrit sur ce fruit. Il signale, en particulier, un passage du poète Théocrite qui, dans sa IIe Idylle (v. 120), emploie l'expression « pommes de Dionysos », pour indiquer que les pommes auraient été découvertes par Dionysos. Et il ajoute que Neoptolemos de Parion, un autre écrivain grec, affirmait pour sa part que, non seulement les pommes, mais aussi tous les autres fruits avaient été découverts par Dionysos, ce qui signifie que le dieu en avait fait cadeau aux hommes en signe de bienveillance. Les poètes alexandrins évoquaient aussi volontiers la couronne de Dionysos qui était constituée de pommes, dont le pouvoir supposé était de faire naître l'amour.

Dons d'un dieu, le pommier, comme la pomme, ne semblent donc pas avoir été perçus dans l'Antiquité, comme un fruit et un arbre néfastes. On les trouve d'ailleurs associés à d'autres divinités que Dionysos, telles que Déméter, Aphrodite, Apollon ou Héraclès dans certains mythes grecs, que nous analyserons dans les chapitres suivants. Ce préjugé favorable semble s'être transmis par la suite, et largement répandu. On en trouve peut-être même des traces dans certaines traditions populaires, comme celles notées au siècle dernier dans les provinces de France. Ainsi, par exemple en Bretagne où l'on avait une conception dualiste du monde, on avait imaginé de classer un certain nombre de végétaux selon leur origine, en opposant les œuvres de Dieu aux contrefaçons du Diable. Parmi les premières figuraient le pommier, le poirier, le châtaignier, la vigne, le genêt, le rosier, la noix, tandis que l'épine, le marronnier, la ronce, l'ajonc, l'églantier, le gland appartenaient aux secondes.

Par suite, on pensait que la pomme ou le pommier pouvaient posséder des pouvoirs merveilleux et miraculeux octroyés par Dieu et protéger les hommes de nombreux maux. En voici quelques exemples mentionnés par Paul Sébillot dans son monumental *Folklore de France* :

> « En Basse Bretagne, écrit-il, pour conjurer les effets de la tempête, on met en réserve deux pommes jumelles fortement unies et ayant conservé le lien unique qui les réunit au même rameau. Dès que le vent commence à souffler avec violence, on retire du bahut la petite boîte qui renferme le talisman, et on la dispose sur la table ; au second coup de vent, on l'ouvre en faisant le signe de la croix ; au troisième, on regarde attentivement les pommes, et, si elles remuent quelque peu, on a recours à une oraison où la puissance de la pomme est nettement indiquée. »

Il rapporte aussi que

> « dans les Côtes-du-Nord (aujourd'hui Côtes d'Armor), on suspend dans le cellier, afin qu'elles attirent à elles le venin, une trochée de cinq ou six pommes ; à mesure qu'elles se détachent, on les jette au feu ; personne ne doit en manger, car elles sont vénéneuses. »

Cérès, tenant pommes et raisins dans sa main droite. D'après une statue de bronze.

Dans le même esprit, on recommandait dans les Alpes de Haute Provence de se promener sous les pommiers, la veille de la fête des Rois, pour éloigner de soi les mauvais sorts et obtenir une bonne récolte. En Dauphiné, on déposait en offrande des noisettes et des pommes, au bord des fontaines afin d'obtenir du génie de la source qu'il la protège et accorde une eau de bonne qualité.

On croyait même que la pomme pouvait exercer une certaine influence favorable sur le physique et le comportement futur des tout jeunes enfants. Ainsi, lit-on par exemple dans les *Évangiles des quenouilles* qui remontent au XVe siècle :

> « Quand l'enfant est nouvellement né et avant qu'il suche la mamelle, se on lui donne à manger d'une pomme cuite, jamais, après, toute sa vie, il n'en sera si luffres (gloutons) se gourmant à table, en boire et en mengier, et si en sera plus courtois en fais et en parolle entre les dames. »

La grande diversité des couleurs de la pomme est encore un des aspects de ce fruit qui a particulièrement attiré l'attention des Anciens et stimulé leur imagination. Elle offrait en effet à leurs yeux la particularité de présenter à maturité des couleurs différentes d'une espèce ou d'une variété à l'autre, ce qui la distinguait des autres fruits alors connus. Disons pour simplifier que le vert, le jaune et le rouge sont les trois couleurs principales qu'elle peut revêtir, à partir desquelles toutes les nuances et tous les panachages sont possible. Dès lors, ils ont été tentés, au même titre que pour certaines des caractéristiques évoquées ci-dessus, d'utiliser cette large gamme de teintes dans de nombreuses analogies. Si le jaune, par exemple, a souvent été comparé à l'or et même confondu avec lui dans certains mythes, le rouge semble avoir aussi suscité l'intérêt. Et certains poètes grecs semblent avoir été particulièrement sensibles à la beauté des pommes de cette couleur.

« Où trouverais-je, écrit l'un d'eux avec mélancolie, plus agréable que ces belles pommes rouges que produit la cité d'Éphyra, battue par les vents ? »

C'est peut-être d'ailleurs en faisant le rapprochement entre la couleur des pommes et celle du vin que les Grecs ont associé celles-ci à Dionysos, le dieu de la vigne par excellence dans la mythologie grecque. Quant à Pline qui évoque la couleur des pommes dans son *Histoire naturelle* (XV. 52), il affirme que dans toutes les espèces le côté exposé au soleil rougit, ce qui revient à dire que, pour lui, le rouge serait une couleur commune à toutes les pommes, mais de façon inégale !

Nous verrons par la suite toute l'importance que revêt la couleur dans la symbolique de la pomme. Elle en constitue l'un des éléments majeurs dans les mythes et les légendes où ce fruit tient une place essentielle, mais elle joue également un rôle en médecine ancienne qui est toute imprégnée de symboles. Considérée comme un don divin, il n'est pas surprenant que l'on ait utilisé la pomme dès l'Antiquité, pour soigner différentes maladies. Cependant ses modes d'utilisation ont alors été déterminés, non seulement en fonction des vertus thérapeutiques qui lui étaient attribuées, mais aussi d'un certain nombre de conceptions que l'on se faisait du monde végétal. On pensait en particulier qu'il devait y avoir une certaine affinité entre les caractéristiques d'une plante, d'une fleur ou d'un fruit et certains types d'affections et l'on croyait que les dieux avaient indiqué aux hommes par ce moyen l'usage qu'ils pourraient en faire. Cette conception se perpétuera tout au long du Moyen Âge et se prolongera même jusqu'à une époque récente, en particulier dans les recettes de médecine populaire. Bien qu'elle n'ait jamais fait l'objet d'une théorisation dans l'Antiquité, elle est à l'origine de ce que l'on appellera plus tard la « théorie des signatures » selon laquelle il y a un rapport étroit entre les symptômes d'une maladie ou la forme d'un organe du corps humain et certaines caractéristiques d'un végétal. Cette conception qui a été notamment exposée et développée par un certain nombre d'auteurs du XVIe siècle, comme Paracelse ou J. – B. de la Porta, doit être rapprochée des différentes théories de la magie sympathique qui inspirent la médecine magique. Ces dernières, rappelons-le, relèvent des formes générales de la métaphore et de la métonymie qui caractérisent la pensée symbolique.

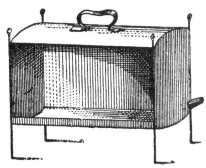

Pommier : ustensile ménager servant à cuire les pommes devant un feu.

On relèvera sans peine que plusieurs des utilisations thérapeutiques de la pomme sont des applications des différentes « lois de la magie », en particulier de la « loi de similarité » selon laquelle le semblable guérit le semblable et de la « loi de contrariété » qui se fonde sur l'idée que le semblable agit sur le semblable pour susciter son contraire. La couleur est appelée à jouer dans ce domaine un rôle de première importance. Ainsi, par exemple, les pommes vertes seront recommandées pour arrêter les diarrhées, tandis que les pommes rouges, dont la couleur est celle du feu et du sang, seront recommandées pour dilater en réchauffant et par suite pour relâcher le ventre. Ces prescriptions se réfèrent à un système dans lequel on devine aisément, par exemple, les oppositions du vert au rouge et du froid au chaud qui se traduisent sur le plan médical par des actions antagonistes. Ce qui est vert et froid resserre, refroidit, contracte tandis que ce qui est rouge et chaud relâche, échauffe, dilate. Quant au jaune qui occupe une position intermédiaire, il est associé notamment à la bile et à l'urine. Aussi, recommandera-t-on la consommation de pommes de cette couleur pour leur valeur diurétique ou cholérétique.

Cependant la pomme fait piètre figure dans le catalogue des substances végétales utilisées en médecine dans l'Antiquité où elle n'est pas estimée comme un remède de grande importance. Les quelques textes médicaux qui lui sont consacrés sont d'ailleurs très brefs. Ils invitent généralement à la consommer avec prudence car elle est considérée comme indigeste et ils recommandent de l'absorber cuite plutôt que crue. Quelques médecins lui reconnaissent cependant quelque efficacité thérapeutique. Ainsi, Dioscoride, au Ier siècle de notre ère, indique dans la notice qu'il leur consacre, que les pommes qui ne sont pas mûres sont astringentes tandis que celles qui mûrissent au printemps engendrent la bile, mais il invite à la prudence car, dit-il, elles produisent des désordres dans le système nerveux et provoquent des flatuosités. Galien, au IIe siècle après J.–C., conseille, pour sa part, d'utiliser cuite la pomme cestienne — qui est de couleur rouge — pour calmer les maux de tête causés par l'excès de boisson. Au Moyen Âge, l'utilisation de la pomme ne semble guère avoir été davantage recommandée comme remède par les médecins. Hildegarde de Bingen lui consacre une curieuse notice dans son *Livre des subtilités des créatures divines*. Elle y note que le fruit du pommier est léger et peut se digérer facilement et précise que

> « cru, il ne fait pas de mal aux bien portants. »
>
> « En effet, écrit-elle, c'est lorsque la rosée est en pleine vigueur, parce que sa puissance s'exerce depuis le premier sommeil de la nuit jusqu'au moment où il fait jour, que les pommes grossissent grâce à cette rosée. Et, si elles sont bonnes à manger crues pour les hommes, c'est qu'elles ont été alimentées par une rosée puissante. »

Mais elle ajoute que les pommes crues

> « font du mal à ceux qui sont malades, parce qu'ils sont déjà faibles par eux-mêmes. »

Autant dire que ce n'est pas un remède ! Pour Hildegarde, en effet, ce n'est pas tant la pomme par elle-même qui a un effet thérapeutique que l'humidité dont l'arbre et le fruit sont chargés. Aussi est-ce, d'une part, le suc des feuilles pressées qu'elle recommande d'utiliser pour soigner « ceux qui souffrent de chaleur dans les yeux » et, d'autre part, la sève des rameaux pour guérir « celui qui est atteint de goutte dans les reins ou les testicules » ainsi que les maladies de foie, de la rate et les humeurs mauvaises du ventre et de l'estomac ou encore les migraines.

Tandis que les Anciens et ceux qui s'en sont inspirés, au Moyen Âge ou à la Renaissance, ont accordé une grande importance à la couleur de la pomme, comme à sa rondeur, ou à certaines de ses caractéristiques qui permettaient de la classer dans des systèmes d'oppositions prédéfinis, ils ne semblent pas avoir manifesté beaucoup d'intérêt pour son parfum et sa saveur.

Sans doute, la pomme ne dégage-t-elle pas une odeur particulièrement forte pour capter l'attention. C'est probablement pour cette raison que les textes qui vantent ses effluves sont aussi peu nombreux et les mythes qui auraient pu leur faire jouer un rôle sont pratiquement inexistants. Si quelques poètes évoquent le parfum de la pomme, ce n'est que pour l'associer à d'autres symboles que le fruit évoque aisément, en particulier l'amour ; mais c'est une figure de style courante dans la littérature que d'associer le parfum d'un végétal à l'amour. La douce exhalaison de la pomme ne fait donc qu'accompagner, en la renforçant légèrement, la relation forte qui existe entre la pomme et l'amour. Ainsi, par exemple, dans ces deux vers du poète latin Martial qui chante le charme d'un doux baiser *(Epig.* III.65) :

« Quod spirat tenera *malum* mordente puella…
hoc tua, saeue puer Diadumene, basia fragrant. » (Epig. III. 65.)
(Le parfum que dégage une pomme entamée par une délicate bouche de jeune fille…
c'est ainsi, cruel Diadumène, qu'embaument tes jeunes baisers)

Paradoxalement, les différentes saveurs de la pomme ne semblent pas davantage avoir éveillé l'intérêt des Anciens et ils n'ont pas jugé bon d'introduire, dans ceux de leurs mythes où la pomme joue l'un des principaux rôles, cette caractéristique pourtant essentielle pour un fruit comestible. Les textes qu'ils nous ont laissés montrent à l'évidence qu'ils discernaient pourtant aisément les quatre saveurs traditionnelles de la sensation gustative : sucré, acide, amer, salé et qu'ils distinguaient clairement parmi les pommes, celles qui leur paraissaient fades, douces, sucrées, aigres, acerbes ou acides. Mais la perception de ces différentes saveurs, qu'ils avaient pourtant convenablement identifiées, ne semble les avoir inspirés ni dans le domaine des mythes où les symboles prennent généralement naissance, ni dans celui des traitement propres à la médecine magique. L'arôme du fruit qui joue pourtant un rôle primordial dans l'appréciation de sa qualité et sert de critère essentiel sur le plan alimentaire n'a pas enflammé leur imagination. Un court passage d'Artémidore d'Éphèse qui écrivit, au IIe siècle après J.–C., un curieux ouvrage sur l'interprétation des songes, semble toutefois montrer qu'ils n'y étaient pas totalement indifférents.

Jeu du « capendu » ou de la pomme branlante. D'après une gravure du XIVe siècle.

> « Les pommes de printemps, écrit-il, quand elles sont douces et mûres, les voir et les manger est bon : cela signifie en effet beaucoup de bonheur en amour, surtout pour ceux qui ont en tête une épouse ou une maîtresse, car ces fruits sont donnés en offrande à Aphrodite. Si les pommes sont aigres, cela signifie disputes et rivalités : car ces pommes-là appartiennent à la Discorde. »
>
> (I, 73)

La traduction de ce texte pose néanmoins problème. En effet, si l'on peut considérer que « pomme douce » rend correctement le sens du grec *glukus*, la traduction « pomme aigre » ne restitue qu'imparfaitement le contenu de l'adjectif *oxus* qui peut vouloir dire, en s'appliquant au goût, aussi bien « aigre, acide » que « piquant », en référence à son sens premier qui signifie « aigu, tranchant, pénétrant ». Il couvre ainsi, du fait de son imprécision même, une large gamme de saveurs qui ont pour caractéristique commune d'être désagréables. On remarquera néanmoins l'opposition symbolique recherchée entre les deux saveurs attachées aux pommes vues ou consommées en rêve. Celles qui sont douces présagent un avenir agréable : elles sont le symbole d'un bonheur comblé en amour tandis que celles qui sont aigres annoncent des lendemains qui ne chantent guère : elle sont le symbole de grands malheurs et de situations conflictuelles. Ainsi, c'est par la saveur qui les caractérise que les pommes peuvent permettre de pronostiquer l'avenir immédiat du dormeur. Mais, l'auteur ne peut s'empêcher, à l'appui de son interprétation, de faire référence aux mythes fondateurs de la symbolique de la pomme. Car les seules saveurs des pommes n'ont pas un pouvoir évocateur suffisant pour donner naissance à un symbole quelconque. Il est d'ailleurs frappant de noter à cet égard que si l'évocation d'une pomme entamée, c'est-à-dire en partie croquée, donc goûtée, était dans la littérature grecque une image couramment associée à l'expression de l'amour, la saveur du fruit n'est pratiquement jamais mentionnée à cette occasion.

C'est sans doute parce que la saveur, comme d'ailleurs le parfum, sont des qualités beaucoup moins immédiatement perceptibles que la forme ou la couleur, beaucoup trop subtiles à saisir et nécessitant par suite beaucoup trop de nuances dans l'appréciation, qu'elles n'ont finalement joué qu'un rôle très secondaire dans la symbolique de la pomme. La part de subjectivité qu'implique toute évaluation de l'arôme comme du parfum rend en effet malaisé tout consensus sur chacune des valeurs que l'on pourrait leur reconnaître.

On pourrait fort bien illustrer cette difficulté par ce passage que Matthioli consacre aux différentes saveurs de la pomme dans ses commentaires de Dioscoride où il semble d'ailleurs se perdre, en dépit des efforts qu'il déploie pour établir des correspondances entre les saveurs et les quatre qualités premières d'Aristote :

> « De son fruit (du pommier) il y a diverses sortes, voire plus qu'on ne pourrait dire, joinct qu'ils sont et en forme et en gousts différens et pour ce n'ont esgales proprietez, vertus et opérations. Car les unes, dit Galien, sont aspres, les autres aigres et les autres douces. Y en a aussi qui ont un goust meslé, estant ensemblement douces et aspres. D'autres sont aigres-douces et d'autres sont aigres et aspres. Mesmes on en trouve qui ont les trois gousts ensemble, à savoir doux, aspre et aigre. Quant aux pommes qui resserrent, elles ont un jus froid et terrestre : celles qui sont aigres, leur jus est véritablement froid ; mais néanmoins, il est subtil. Les douces sont de moyenne température : car elles ont plus de chaleur. Et au contraire, celles qui n'ont ny goust, ny saveur, sinon une certaine aquosité fade tiennent plus de la fadeur. On doit donc user des pommes selon la qualité qu'elles démonstreront avoir à leur goust… »

On peut se demander comment les médecins réussissaient à s'y retrouver à la lecture de tels textes — courants à l'époque — et s'ils parvenaient à se déterminer sur l'emploi le plus judicieux des diverses espèces de pommes, en fonction de leur seule saveur.

Par sa forme, sa couleur, sa structure et, à un moindre degré, par son goût et son odeur, la pomme présentait pour les Grecs et les Romains un intérêt suffisamment grand pour qu'ils aient été incités à la sélectionner parmi les autres fruits alors connus afin de lui confier un rôle dans plusieurs de leurs mythes. C'est de ceux-ci qu'une grande partie de ses symboles les plus répandus tirent leur origine. Il est cependant assez curieux de constater que la mémoire collective a paradoxalement oublié le nom des divinités qui y jouaient le rôle principal. C'est ainsi, par exemple, que les « pommes du jardin des Hespérides » sont restées célèbres sans qu'il soit besoin de faire référence à Héraclès qui eut pourtant tant de difficultés à surmonter pour parvenir à les cueillir et que la « pomme de Discorde » devint une expression courante sans qu'il

Allégorie du goût

parût utile de lui associer les noms d'Héra, Athéna et Aphrodite, les trois déesses qui furent en compétition devant Pâris pour en obtenir l'attribution. La pomme a puisé dans ces mythes une valeur symbolique suffisamment forte pour être intelligible sans qu'il soit nécessaire de faire explicitement référence à leurs principaux acteurs.

Adam et Ève mangeant la pomme et chassés du Paradis. Gravure de la Bible de Cologne, 1478.

CHAPITRE III

DÉSOBÉISSANCE ET SALUT

L a pomme, dans le monde occidental christianisé, tire une de ses principales valeurs symboliques de quelques versets de la Genèse, le premier Livre de la Bible, dont le début raconte l'histoire de la création du monde par Dieu et celle de l'origine de l'humanité. La traduction et l'interprétation de ces versets ont donné lieu à d'innombrables commentaires, notamment de la part des juifs, des musulmans et des chrétiens.

Afin de clarifier notre propos, nous rappellerons tout d'abord la teneur de ces brefs passages sur lesquels se fondent traditionnellement à la fois la croyance en la présence du pommier dans le contexte de la naissance de l'univers et la conviction que la pomme porte une part de responsabilité dans l'origine dramatique de tous les malheurs des hommes. Nous en emprunterons les principaux extraits à la Traduction Œcuménique de la Bible (TOB).

Ces textes, qui se trouvent aux chapitres 2 et 3 du Livre de la Genèse, racontent qu'après avoir créé l'univers et l'homme, Dieu « planta un jardin en Éden, à l'Orient, et y plaça l'homme qu'il avait formé. Il fit germer du sol tout arbre d'aspect attrayant et bon à manger, l'Arbre de vie au milieu du jardin et l'Arbre de la connaissance du bonheur et du malheur. » (Gen. 2, 8-9.)

*Adam et Ève
gravure sur bois
de Lucas Cranach
1509*

Notons au passage que la TOB préfère cette dernière restitution à la traditionnelle traduction « l'Arbre de la connaissance du Bien et du Mal », les mots hébreux *tou vera* ayant indistinctement les deux sens. La nuance entre les deux traductions n'est pas sans importance au niveau de l'exégèse, mais nous ne saurions aborder la question ici, car elle ne concerne pas directement notre sujet.

Dieu ayant établi l'homme (Adam) dans le jardin d'Éden « pour cultiver le sol et le garder », il lui prescrivit :

> « Tu pourras manger de tout arbre du jardin, mais tu ne mangeras pas de l'Arbre de la connaissance du bonheur et du malheur car, du jour où tu en mangeras, tu devras mourir ».
> (Gen. 2, 16-17.)

Le texte décrit ensuite la création des animaux, puis celle de la compagne d'Adam que celui-ci appellera plus tard Ève,

> « c'est-à-dire la Vivante, car c'est elle qui a été la mère de tout vivant ».
> (Gen. 3, 20.)

La scène suivante est, du point de vue qui nous intéresse ici, particulièrement importante. Nous en citerons donc le texte en entier :

> « Or, le serpent était le plus astucieux de toutes les bêtes des champs que le Seigneur Dieu avait faites. Il dit à la femme : "Vraiment ! Dieu vous a dit : 'Vous ne mangerez pas de tout arbre du jardin…'" La femme répondit au serpent : "Nous pouvons manger du fruit des arbres du jardin, mais du fruit de l'arbre qui est au milieu du jardin, Dieu a dit : 'Vous n'en mangerez pas et vous n'y toucherez pas afin de ne pas mourir.'" Le serpent dit à la femme : "Non, vous ne mourrez pas, mais Dieu sait que le jour où vous en mangerez, vos yeux s'ouvriront et vous serez comme des dieux possédant la connaissance du bonheur et du malheur." La femme vit que l'arbre était bon à manger, séduisant à regarder, précieux pour agir avec clairvoyance. Elle en prit un fruit dont elle mangea, elle en donna aussi à son mari qui était avec elle et il en mangea. Leurs yeux à tous deux s'ouvrirent et ils surent qu'ils étaient nus. Ayant cousu des feuilles de figuier, ils s'en firent des pagnes. »
> (Gen. 3, 1-7.)

Ayant ainsi goûté au fruit défendu, Ève, puis Adam ont transgressé l'interdit de Dieu. La sanction divine sera terrible : Adam et Ève seront chassés du jardin de l'Éden.

Cet épisode dramatique du « Paradis perdu » est sans doute l'un des plus connus de la Bible et aussi probablement l'un des plus discutés et des plus difficiles à comprendre. Les textes qui le narrent se prêtent, en effet, à plusieurs lectures qui peuvent être, notamment, littérale, théologique, philosophique, ou symbolique. Les unes et les autres ont fait l'objet d'un nombre considérable de

L'Arbre du Paradis (Hortus sanitatis *de Joanne de Cuba, Maguntia, 1491).*

Adam et Ève. Par opposition avec l'Arbre de Vie, celui de la Connaissance est ici représenté en tant qu'« Arbre de Mort ».
Dessin de Tania Bruzs, d'après une gravure sur bois allemande du XVIe siècle, in L'Arbre, Roger Parisot, Pardès, 1996.

commentaires. Nous nous bornerons ici, pour notre part, à rechercher seulement quelles ont été les différentes identifications de l'Arbre de la connaissance du Bien et du Mal qui ont pu être proposées, au cours des siècles, par les différentes exégèses de ces textes et à expliquer comment certains en sont arrivé à retenir le pommier comme l'arbre du fruit défendu, donnant ainsi naissance à l'un des symboles les plus répandus de la pomme.

Quelques observations préalables nous paraissent toutefois nécessaires.

Précisons tout d'abord que l'expression « jardin d'Éden » a généralement conduit à considérer qu'il s'agissait du « Paradis terrestre » dans la mesure où le mot paradis est la transcription du mot grec *Paradeisos* qui signifiait à l'origine : « parc clos où se trouvent des animaux sauvages », puis ultérieurement, à l'époque hellénistique : « jardin ». En toute rigueur, il conviendrait de distinguer le jardin et l'Éden qui sont deux entités distinctes, mais ce délicat problème, qui a donné matière à de profondes réflexions des mystiques ne saurait être abordé et discuté ici. Nous retiendrons simplement que l'Arbre de la connaissance du Bien et du Mal est un arbre du Paradis, mais qu'il se distingue de tous les autres arbres et de tous les autres végétaux par un statut particulier : il est le seul dont la consommation est défendue par le Créateur. L'interdit de Dieu ne porte que sur lui. On remarquera en effet qu'Adam est autorisé à manger de tous les autres arbres et même de l'Arbre de Vie, c'est-à-dire de celui qui fournit une nourriture d'immortalité. La place prééminente de l'Arbre de la Connaissance est d'ailleurs soulignée par l'emplacement qu'il occupe dans le jardin : il est planté en son centre.

Nous observons par ailleurs que le texte rapporte l'interdiction de « manger de l'arbre » et non celle de « manger du fruit de l'arbre ». Certains commentateurs, comme le rabbin français Rachi, qui vivait à Troyes au XIe siècle, en ont déduit que l'arbre et le fruit devaient avoir le même goût et que si on distingue aujourd'hui l'arbre du fruit, c'est parce que la Terre, désobéissant à Dieu,

> « a fait sortir des arbres faisant des fruits, et non pas des arbres qui fussent eux-mêmes des fruits. »

Mal lui en a pris ! C'est en effet pour avoir ainsi modifié l'organisation de la nature créée par Dieu, que, plus tard, lorsque Adam

> « sera maudit pour sa faute, la terre sera, elle aussi, punie pour cette faute-là, et maudite. »

D'autres commentateurs juifs, complétant l'interprétation de Rachi, expliquent que si la terre a ainsi désobéi à Dieu, en créant les fruits, c'est par mansuétude pour le genre humain et par souci de maintenir l'équilibre écologique de la planète. En considérant que les hommes n'auraient pas eu la patience d'attendre la maturation des fruits et qu'ils auraient mangé les arbres tout au long de l'année, ce qui aurait inéluctablement conduit à leur disparition, elle a écarté ce danger fatal en donnant naissance à des arbres qui n'aient pas le même goût que les fruits et fait en sorte que seuls ces derniers soient consommables... Quel que soit le jugement que l'on puisse porter sur cette hypothétique explication de l'origine des fruits, force est de constater que la tradition n'a pas suivi littéralement le texte biblique, mais qu'elle a préféré retenir le fruit défendu plutôt que l'arbre défendu, en s'appuyant sans doute sur les passages bibliques qui relatent la tentation d'Ève par le serpent et font mention de l'un et de l'autre. Ceux-ci ne se limitent d'ailleurs pas à signaler le fruit ; ils en donnent même quelques-unes de ses caractéristiques à travers la perception qu'en a Ève au cours de cette scène. La compagne d'Adam constate en effet qu'il est bon à manger, séduisant à regarder et qu'il est précieux pour agir avec clairvoyance, c'est-à-dire qu'il donne la possibilité d'avoir accès à la Connaissance. À ces trois qualités du fruit correspondent les trois promesses du serpent tentateur. Nous pouvons en effet mettre en regard :

Bon à manger / « le jour où vous en mangerez, vous serez comme des dieux. »

Séduisant à regarder / « vos yeux s'ouvriront. »

Précieux pour agir avec clairvoyance / « vous posséderez la connaissance du Bien et du Mal. »

Le péché originel (Codex vigilanus, *San Lorenzo del Escorial*). *Ici, l'arbre (peut-être un figuier) ne porte aucun fruit.*

Ce fruit est proposé sous ses aspects les plus attrayants, mais, soulignent certains exégètes juifs, sa consommation a eu pour conséquence de souiller les différents sens d'Ève, à l'exception de l'odorat : la vue (Ève a regardé le fruit), le toucher (Ève a pris le fruit dans sa main), le goût (Ève a mangé le fruit), et enfin l'ouïe (car Adam et Ève dès qu'ils eurent consommé le fruit entendirent Dieu les appeler dans le jardin). Le premier rôle semble toutefois accordé au goût ; c'est en effet l'acte de manger le fruit qui est générateur de la transgression de l'interdit. Or, si la manducation est perçue d'abord comme un acte fondamental lié à la vie, elle peut aussi suggérer d'autres interprétations qui relèvent aussi bien de la mystique que de la recherche symbolique. Le choix de la manducation d'un fruit dans l'épisode du Paradis perdu apparaît donc loin d'être neutre et il invite sans nul doute à plusieurs lectures de cette scène qui se situent sur des plans et à des niveaux différents.

Mais quel est donc ce fruit ?

Indiquons tout d'abord que la pomme et le pommier ne doivent aucunement leur apparition dans l'histoire du Paradis perdu à la suite d'erreurs de traduction du texte hébreu. Celui-ci ne donne en effet aucune précision sur la nature de l'Arbre et de son fruit et il en est de même dans ses versions grecques et latines : la Bible grecque des Septante, écrite selon la tradition à Alexandrie par 72 juifs hellénisés, vraisemblablement entre le IIIe et le Ier siècle avant J.–C., comme la traduction latine, connue sous le nom de Vulgate, écrite par saint Jérôme entre la fin du IVe et le début du Ve siècle, à partir du texte hébreu. Ces deux traductions qui font autorité ne prêtent à aucune ambiguïté : elles désignent le fruit par les mots *karpos* et *fructus* et l'expression « l'Arbre de la connaissance du Bien et du Mal » est rendue respectivement par *to xulon tou eidenai gnôston kalou kai ponerou*, et *lignum scientiae boni et mali*. On ne peut imaginer de traduction plus littérale ! La présence de la pomme et du pommier dans ces différents passages du livre de la Genèse ne saurait donc s'expliquer que par diverses interprétations du texte original. Nous évoquerons donc ci-après les tentatives d'identification du fruit défendu auxquelles se sont livrés les commentateurs juifs, musulmans et chrétiens des passages bibliques rappelés ci-dessus.

Parmi les interprétations juives les plus connues, nous relevons tout d'abord celles qui se refusent à toute identification. On trouve, par exemple, chez Rachi, une référence à un Midrach qui explique pourquoi le nom de l'Arbre de la connaissance n'a pas été clairement désigné :

« Dieu n'aime humilier aucune de ses créatures »

écrit-t-il, et le nom de l'arbre n'est pas explicitement donné,

« afin que les hommes ne lui fassent pas honte et disent : Voici l'arbre à cause duquel le monde a été frappé ».

Tous les rabbins ne firent pas preuve d'une telle sagesse. Ainsi, les uns ont avancé que le fruit défendu aurait été celui de la vigne, en s'appuyant sur l'idée que la tentation à laquelle avait succombé Ève était celle de posséder la toute-puissance, à l'égal de Dieu lui-même. Elle aurait été saisie par le délire du pouvoir absolu sur toute chose qui procure une certaine forme d'ivresse, tout comme celle que produit l'excès de consommation de vin. Cette interprétation a d'ailleurs été reprise dans certaines œuvres artistiques du monde chrétien, comme en témoigne, par exemple, un chapiteau de l'église romane N. – D. du Port, à Clermont-Ferrand, qui montre Ève cueillant une grappe de raisin. Selon d'autres, le fruit défendu serait le blé, car le pain, qui résulte d'une transformation du blé, est symbole de connaissance. Ils font en effet remarquer que c'est lorsqu'il est sevré et passe du lait au pain que l'enfant commence à distinguer son père et sa mère. Le blé et le pain symboliseraient donc, selon cette interprétation, l'apparition de la connaissance. D'autres font une troisième proposition d'identification. En faisant observer qu'Adam et Ève se confectionnèrent des pagnes avec des feuilles de figuier, après avoir mangé le fruit défendu, ils en déduisent qu'ils se trouvaient à côté de cet arbre au moment de la tentation et que, par conséquent, le fruit était une figue. Il est enfin certains commentateurs juifs qui proposent une autre identification. Selon eux, le fruit défendu serait le cédrat. Pour justifier leur choix, ils avancent que, parmi tous les fruits, le cédrat serait le seul à présenter, entre autres qualités, celle d'être entièrement comestible, comme l'Arbre de la connaissance qui, nous l'avons signalé plus haut, était lui aussi entièrement consommable. Il renverrait à l'image d'un monde où régnerait le Bien absolu, c'est-à-dire dans lequel tout serait comestible, car on n'y rencontrerait plus le Mal, symbolisé par l'écorce de l'arbre qui est immangeable, séparée du Bien, symbolisé par son fruit qui, seul, est comestible.

Le Paradis terrestre, d'après une gravure de la Bible historiée de Petrus Comestor, 1499.

Aucune des différentes identifications du fruit défendu proposées par les commentateurs juifs ne fait donc mention de la pomme et du pommier bien que certains d'entre eux aient évoqué les pommiers qui poussaient au jardin paradisiaque. Mais ce ne sont pour eux que des arbres parmi d'autres. Rachi, par exemple, mentionne ce verger de pommiers du Paradis qui exhalaient un parfum pénétrant, dans son commentaire du passage consacré à la vieillesse d'Isaac où ce dernier, à moitié aveugle, reconnaît son fils Jacob au seul parfum de ses vêtements (Gen. 27, 27). Ceux-ci, selon Rachi, auraient été portés par Adam, conservés par Noé dans l'arche pendant le Déluge, et transmis de génération en génération jusqu'à Jacob. Imprégnés du parfum des pommes paradisiaques, c'est leur odeur qui aurait permis à Isaac d'identifier immédiatement son fils. Signalons encore que c'est en souvenir des pommiers du Paradis que les juifs ont coutume de manger des pommes à la fête de Roch Hachana, fête anniversaire de la création. En trempant un morceau de pomme dans du miel, ils demandent à Dieu de renouveler en leur faveur une année de bienfaits et de douceur. La pomme apparaît donc ici sous un aspect favorable en faisant référence à une époque heureuse. Cette vision est tout à l'opposé de celle qui s'est davantage répandue d'un fruit maudit par qui le malheur est arrivé.

Les musulmans, de leur côté, se sont également interrogés sur la véritable nature de l'arbre du Paradis. Il est écrit dans le Coran :

> « Ô Adam, habite avec ton épouse dans le Jardin. Mangez de ses fruits comme vous le voudrez ; mais ne vous approchez pas de cet arbre, sinon vous serez au nombre des injustes. » (II. 35.)

Selon une autre sourate, cet arbre serait l'arbre de l'immortalité, c'est-à-dire l'Arbre de Vie de la Genèse, et non l'Arbre de la connaissance du Bien et du Mal. Il est en effet écrit :

> « Le démon le tenta en disant : Ô Adam ! T'indiquerai-je l'Arbre de l'Immortalité et d'un royaume impérissable ? Tous deux en mangèrent ; leur nudité leur apparut, ils disposèrent alors, sur eux, des feuilles du jardin. » (20. 120-121.)

La tradition musulmane ne paraît pas avoir cherché à distinguer les deux arbres. En revanche, certains auteurs semblent avoir essayé de déterminer quels pouvaient être l'arbre et le fruit défendus. Tabari, par exemple, qui écrivit un célèbre commentaire du Coran au IXe siècle, rapporte quelques-unes de leurs différentes propositions d'identification.

> « Selon Abû Mâlik, écrit-il, il s'agit du *sunbula* (c'est-à-dire "épi", ce qui n'est guère précis). Selon Ibn Abbâs, il s'agirait du *burr* (froment). »

Peut-être faut-il associer les deux propositions et en déduire qu'il s'agirait d'un épi de froment ? Tabari indique que selon d'autres, ce serait la vigne ou bien encore le figuier. Il conclut avec sagesse :

> « quoi qu'il en soit, ce qu'il importe de savoir, c'est qu'il n'y a aucune donnée certaine de la nature de "l'arbre" défendu et, si la nature de "l'arbre" n'est pas précisée dans le Coran, c'est que ce qui importe c'est, non la nature de "l'arbre", mais le fait que Dieu ait interdit d'en manger le fruit. Savoir s'il s'agit du froment, de la vigne ou encore du figuier n'apporte aucune science profitable à la vie spirituelle et ignorer la nature de cet "arbre" n'entraîne aucun dommage. »

Ainsi, les musulmans ne semblent pas avoir songé à la pomme pour identifier le fruit de l'arbre dont la consommation était interdite. On rapporte toutefois à ce sujet une légende orientale selon laquelle l'homme et la femme se recherchent depuis qu'Allah, ayant coupé une pomme en deux, en donna une moitié à Adam et l'autre à Ève, en ordonnant à chacun de chercher la moitié qui lui manquait. Ce serait la raison pour laquelle la moitié de l'humanité rechercherait la moitié correspondante... Mais cette légende qui semble tardive et dont l'origine n'est pas clairement localisée, est totalement étrangère à l'exégèse coranique.

Les commentateurs chrétiens furent également tentés d'identifier cet arbre du Paradis. Rappelons tout d'abord que la Bible grecque des Septante avait traduit arbre par *xulon*, et fruit par *karpos*, (qui est le mot courant pour désigner un fruit) et non par *mêlon*, qui désigne, nous l'avons vu, un fruit qui a une forme semblable à celle de la pomme, voire une pomme. Quant à la Vulgate, elle avait traduit arbre par *lignum* et fruit par *fructus*. À ce niveau, il n'y a donc aucune ambiguïté possible. Il y a cohérence totale entre les textes hébreu, grec et latin. Aucun ne suggère une identification possible avec le pommier et la pomme ! Certains commentateurs chrétiens eurent cependant leur attention attirée par le fait que l'Arbre de la connaissance du Bien et du Mal se disait *lignum scientiae boni et mali*. Ils remarquèrent que le mot *malum*, (*mali* au génitif), qui dans cette expression signifiait le mal, pouvait également désigner un fruit, et notamment une pomme, avec, il est vrai, une accentuation différente. En effet, le *a* de *malum*, le fruit, est long tandis que le *a* de *malum*, le mal, est bref. Qu'à cela ne tienne ! Cette difficulté ne les arrêta pas, d'autant que, comme nous l'avons remarqué au chapitre 1, le mot *malum* fut employé concurremment avec le mot *pomum* pour désigner, d'abord un fruit en général, puis, plus précisément la pomme. L'Arbre de la connaissance du Bien et du Mal ne pouvait être que le pommier et le fruit défendu qu'Ève croqua, avant de le faire goûter à Adam ne pouvait être que la pomme. Cette identification surprenante, qu'il est impossible de dater, mais qui remonte sans doute au début du Moyen Âge, eut un succès si grand que l'on en oublia bien vite que la Bible ne mentionnait nulle part la nature de l'arbre et du fruit défendus…. Personne ne se donna la peine d'aller vérifier si le texte biblique désignait effectivement la pomme comme le fruit défendu, et par suite, personne ne remit en cause l'identification proposée par les clercs lettrés, qui, seuls à l'époque, il est vrai, pouvaient avoir accès au texte sacré.

Apparemment jamais mise en doute, l'association de la pomme à cet épisode du Livre de la Genèse fut intégrée dans la culture populaire des pays chrétiens et se révéla rapidement à la source même d'une extraordinaire richesse symbolique. La pomme finit par occuper dans l'imaginaire collectif une place aussi importante que celle des autres protagonistes du récit biblique de la chute d'Adam et Ève et de leur expulsion du Paradis terrestre. C'est ainsi que la pomme et le pommier se trouvent aujourd'hui associés, selon les contextes et selon le symbole que l'on veut privilégier, au Paradis, à l'Arbre de la connaissance, au Diable, à Ève, à Adam, au péché originel, à la tentation, à la désobéissance, à la perfidie et même à la sexualité. Quelle richesse !

Extrait de la page de titre du Tractatus Theologo-Philosophicus *de Robert Fludd*

La pomme et le pommier sont d'abord associés au Paradis. Le pommier demeure la seule espèce végétale de ce jardin d'Éden dont le nom reste gravé dans la mémoire collective, alors que les autres végétaux explicitement mentionnés dans les trois premiers chapitres de la Genèse, comme le bdellium (Gen. 2,12), le chardon (Gen. 3,18) et le figuier (Gen. 3,7) sont loin d'avoir acquis la même célébrité. Une des plus anciennes espèces de pommiers connues porte même le nom de « pommier Paradis ». Les pommes qu'il produit sont nommées « pommes paradis » à cause, dit-on, de leur bonté et de leur douceur, « comme si la race en était venue du ciel ». Nous avons rappelé plus haut le verger de pommiers odorants qu'imaginait Rachi. On peut aussi évoquer l'histoire de Dorothée qui appartient au légendaire des saints. Celle-ci est une jeune vierge martyrisée en 303 à Césarée en Asie Mineure pour avoir refusé d'abjurer sa foi. Un scribe nommé Théophile l'aborda au moment où on la conduisait au lieu de son exécution pour lui demander ironiquement de lui rapporter des roses et des pommes du jardin du Paradis. Après la mort de Dorothée, un enfant apparut à Théophile, porteur d'une corbeille remplie de roses et de pommes, ce qui provoqua la conversion de Théophile. En souvenir de ce récit légendaire, on représente généralement la sainte avec une corbeille pleine de roses et de pommes du Paradis qui constituent ses attributs. On peut sans doute évoquer également ici l'histoire merveilleuse de l'Arbre du fruit défendu — bien que l'espèce n'en soit pas explicitement précisée par le texte — dont les couleurs changent symboliquement au cours de l'histoire, en fonction des événements dont il est le témoin. Ce récit qui a été intégré dans la *Queste du Saint Graal*, dont la rédaction remonte probablement au XIIIe siècle, raconte qu'Ève, après avoir succombé à la tentation et fait goûter du fruit de l'Arbre à Adam, résolut de garder un rameau de l'arbre d'où son malheur était venu et le piqua en terre. Par la volonté du Créateur, il crut si dru qu'en peu de temps il devint un grand et bel arbre, blanc de tige, de branches, de feuilles et d'écorce, mais sans fleur et sans fruit. Ainsi était-il pour signifier qu'Ève était chaste quand elle le planta. Adam et Ève en détachèrent des rameaux qu'ils plantèrent et ceux-ci donnèrent à leur tour des arbres tout blancs. Plus tard, selon la volonté de Dieu, ils s'unirent charnellement sous son ombre. L'arbre devint alors tout vert et commença à fleurir et à fructifier, en souvenir de la semence répandue sous lui par Adam en Ève. Ils en détachèrent à nouveau des rameaux et les plantèrent. Ceux-ci donnèrent également des fleurs et des fruits. Plus tard encore, c'est sous son ombre que Caïn assassina son frère Abel. L'arbre devint alors vermeil en souvenir du sang versé sous ses branches. Il passa le déluge ainsi que tous les rameaux blancs et les rameaux verts qui étaient nés de lui… Et c'est avec un rameau de chacune des trois couleurs que furent confectionnés les fuseaux qui furent plantés sur les côtés du lit sur lequel Salomon plaça l'épée du roi David avant de le porter sur une nef qu'il abandonna au gré des flots, selon ce qui lui avait été prescrit.

Rameau de pommier en fleurs.

Comme on avait identifié la pomme au fruit dont s'était servi le serpent pour pousser Ève à transgresser l'interdit divin, on en vint à l'associer fréquemment au Diable et à ses suppôts, les sorcières et les sorciers. Elle devint ainsi le symbole même du fruit maudit. En ce domaine, l'imagination populaire n'eut pas de limites et ses déductions furent parfois étonnantes. On supposa, par exemple, qu'il poussait à Sodome des pommiers qui donnaient des fruits à l'aspect extérieur séduisant, mais dont l'intérieur était rempli de cendres, de charbon et de suie. On crut longtemps que la pomme, fruit satanique qui entretenait des relations privilégiées avec le Diable, pouvait par suite contenir elle-même des démons. Le texte suivant, par exemple, extrait du *Discours des sorciers*, écrit en 1605 par Henri Boguet, légiste et Grand Juge de Saint Claude, dans le Jura, en fournit une assez bonne illustration : « À Annecy », écrit-il,

> « on vit sur la margelle d'un pont, un bruit de tintamarre si grand, qu'on avait horreur de passer par là, quoique ce fût un chemin ordinaire. Tout le monde accourait à ce spectacle, sans que personne n'osât approcher. Mais enfin, il s'en trouva un qui fut plus hardi que les autres ; car avec un long bâton, il jeta la pomme dans le Thiou, qui est un canal du lac d'Annecy passant sous le pont, et, dès lors, l'on n'entendit plus rien. Il est vraisemblable que cette pomme était remplie de diables et qu'un sorcier s'était failli à la bailler à quelqu'un. »

Cette croyance était sans doute largement répandue. Ne donnait-on pas en effet la recette suivante en Vendée, pour éviter d'être ensorcelé :

> « Si l'on reçoit d'une personne qui passe pour sorcière soit pomme, poire, prune… il faut faire cuire ce fruit. S'il pète, c'est le démon qui cherche à sortir, alors, il ne faut pas le manger ; s'il cuit comme à l'ordinaire, on peut le manger en toute sûreté. »

Signalons encore ces observations de Pierre de Lancre, conseiller au Parlement de Bordeaux qui fut chargé par Henri IV de purger de ses sorciers le pays de Labour, au pays basque :

> « C'est un pays de pommes. (Les sorcières) ne mangent que pommes, ne boivent que jus de pommes qui est occasion qu'elles

mordent si volontiers à cette pomme de transgression, qui fit outrepasser le commandement de Dieu à notre premier père. Ce sont des Èves qui séduisent des Adams ; elles écoutent hommes et diables. »

Il ajoute que les sorcières donnaient des pommes maléfiques qui provoquaient une épilepsie douloureuse et
« rendaient leurs victimes comme enragées et acharnées à se défaire. »

C'est à proximité immédiate de l'Arbre de la connaissance du Bien et du Mal que s'est déroulée la scène qui réunit Ève et le serpent dans un face à face tragique au cours duquel la première femme sera soumise à l'épreuve de la tentation. L'identification de cet Arbre au pommier aura pour conséquence d'associer par la suite les pommes aussi bien à Ève qu'à la tentation et à la désobéissance dont elles deviendront le symbole. C'est ainsi, par exemple, que dans les nombreux ouvrages consacrés au langage des plantes et des fleurs, qui furent très en vogue au XIXe siècle, la pomme se trouve généralement présentée comme le symbole de la désobéissance. Cette croyance en l'identification de la pomme au fruit de la tentation sera d'ailleurs à ce point enracinée dans les consciences que certains écrivains iront même jusqu'à la décrire, sans que personne ne semble s'en étonner ! Ainsi, par exemple, le poète anglais John Milton en évoque la couleur, l'odeur et le goût dans son *Paradis perdu*, publié en 1667, et il imagine même une scène, préalable à celle de la tentation d'Ève, où le serpent est le premier à goûter à la pomme et à en retirer immédiatement les bénéfices. Du moins c'est ce qu'il affirme à Ève pour étayer sa tentative de tentation.

« Je découvris au loin, par hasard, dit le serpent, un bel arbre chargé de fruits des plus belles couleurs mêlées, pourpre et or. Je m'en approchais pour le contempler, quand, des rameaux s'exhala un parfum savoureux, agréable à l'appétit ; il charma mes sens.... Pour satisfaire le vif désir que je ressentais de goûter à ces belles pommes, je résolus de ne pas différer : la faim et la soif, conseillères persuasives, aiguisées par l'odeur de ce fruit séducteur, me pressaient vivement... »

Le serpent gagne le milieu du pommier, là où il y a des fruits en abondance, en consomme à satiété et découvre alors que ce fruit n'est pas mortel et qu'il a même des pouvoirs merveilleux puisqu'il peut, sitôt après en avoir mangé, s'exprimer avec une voix humaine et constater qu'il a acquis une connaissance étendue de toute la création.

Ève ne saura résister à l'énoncé d'un tel récit et tentera évidemment l'expérience à son tour… Sa responsabilité dans cet épisode fut d'ailleurs considérée, notamment au Moyen Âge, comme beaucoup plus lourde que celle d'Adam. On insista en effet non seulement sur le fait que c'était elle qui avait succombé la première, mais aussi sur celui qu'elle avait tout caché à Adam de sa relation avec le serpent tentateur et qu'elle s'était en quelque sorte substituée à lui lorsqu'elle avait proposé à Adam de consommer le fruit défendu. Sa perfidie fut tellement stigmatisée que la faute d'Adam en fut quelque peu minimisée et que celui-ci en devint presque ridicule dans cette affaire. N'imagina-t-on pas même qu'il aurait pu avoir quelque difficulté à avaler cette fameuse pomme au point qu'elle se coinça lorsqu'il voulut l'avaler ? et ne donna-t-on pas le nom de « pomme d'Adam », comme le dit Théophile Gauthier, à

Adam se tient la gorge avec la main. Depuis cet instant, l'homme conserve la pomme d'Adam *dans la gorge. D'après un vitrail.*

« ce cartilage en saillie que les bonnes femmes expliquent par un quartier de la pomme fatale resté au gosier d'Adam » ?
(*Le Capitaine Fracasse*, XI.)

L'épisode biblique de la tentation et de la transgression de l'interdit divin fut aussi interprété par certains de ses commentateurs de telle manière que la pomme se trouva curieusement à cette occasion associée à la sexualité et à l'érotisme et cette interprétation conduisit à lui donner une dimension symbolique supplémentaire appelée à connaître une grande fortune par la suite. L'attention des exégètes fut en effet attirée par certains détails du récit biblique, et notamment par l'indication que c'est aussitôt après avoir consommé l'un et l'autre du fruit défendu, qu'Adam et Ève s'aperçurent qu'ils étaient nus. Ils en déduisirent qu'il convenait d'associer la nudité à la sexualité et que le premier couple en avait fait la découverte à ce moment-là, l'indication de la manducation de la pomme en commun n'étant qu'une manière cachée et pudique de révéler qu'ils avaient eu des rapports sexuels. En d'autre terme, l'épisode devait être compris comme le récit de la transgression d'un interdit sexuel. Cette interprétation, pour simpliste qu'elle fût, apparut sans doute suffisamment pertinente à un grand nombre, si l'on en juge par le succès qu'elle connut.

Cette assimilation du péché originel au « péché de chair » fut d'autant plus facilement admise que la pomme était déjà associée à la beauté féminine, à l'amour et à l'érotisme dans l'Antiquité gréco-romaine qui l'avait considérée comme un des fruits privilégiés de la déesse grecque Aphrodite, la Vénus des Romains. Quelques expressions courantes, quelque peu tombées en désuétude aujourd'hui, font implicitement référence à la scène au cours de laquelle Ève, succombant à la tentation, goûta au fruit défendu, et accordent à celui-ci une valeur érotique plus ou moins forte. «Croquer la pomme» ou encore «cueillir la pomme» signifie se laisser séduire, ce que les deux vers suivants du poète Maurice Rollinat, extrait de *Névroses* (1883) illustrent fort bien :

«Séduite un beau matin par le serpent fait homme
Aux rameaux du plaisir, Jeanne a cueilli la pomme».

Quant à l'expression «avaler un pépin» qui semble se référer également aux ébats supposés d'Adam et Ève, elle était employée autrefois pour signifier «être enceinte», avec une double signification accordée au mot pépin : celui-ci pouvait en effet évoquer la fécondité, mais aussi le problème qu'il posait en faisant obstacle à la consommation totale du fruit. Notons que ce dernier sens s'est perpétué jusqu'à nos jours où l'expression «avoir un pépin» est toujours employée pour signifier «avoir un problème».

L'image négative de la pomme, fruit de la tentation et du péché, donc fruit diabolique et maudit, s'est toutefois, comme il arrive souvent pour des récits par trop connus, fortement atténuée avec le temps, si bien même qu'on en trouve parfois l'évocation quelque peu galvaudée, dans des contextes pour le moins inattendus. Ainsi, par exemple dans la fameuse «Chanson du cidre» de l'opérette *Les Cloches de Corneville* dont le livret fut écrit par Clairville et Gabet et la musique par Robert Planquette, en 1877 :

«La pomme est un fruit plein de sève,
Et qui, toujours doit nous tenter,
Car on dit que notre mère Ève,
Fut la première à y goûter,
Que, pour mordre au fruit défendu,
C'est dans une pomme qu'elle a mordu.
C'est dans une pomme, dans une pomme,
Depuis le premier homme,
Tout le monde en convient,
Et c'est de là que le cidre nous vient.»

C'est à cette même veine qui évoque sur un ton léger le récit de la transgression, mais ici, sans doute, avec une pointe d'humour, qu'appartiennent ces quelques lignes écrites par Brillat-Savarin dans sa *Physiologie du Goût* :

«Premiers parents du genre humain, dont la gourmandise est historique, qui vous perdîtes pour une pomme, que n'auriez-vous pas fait pour une dinde aux truffes ? Mais il n'était dans le Paradis terrestre ni cuisiniers, ni confiseurs. Que je vous plains !»

On pourrait emprunter aussi aux arts graphiques des exemples de l'évocation sur un mode léger, voire grivois, de la scène de la tentation d'Ève par le serpent. Nous en retiendrons un qui nous semble parfaitement illustrer comment on peut dans une même image suggérer à la fois l'érotisme et l'épisode biblique de la tentation : l'affiche du film *Emmanuelle*, due à L. Kouper (1974). Celui-ci est sans doute parti d'une observation bien connue : lorsque l'on pèle une pomme en partant de l'œil ou du pédoncule pour arriver à l'autre extrémité, en prenant soin de ne pas sectionner la peau du fruit, l'épluchure, une fois détachée, évoque l'image d'un serpent par sa forme étroite et plus ou moins hélicoïdale ! Mais l'artiste est parvenu à donner à cette banale constatation une interprétation érotique nécessaire à la publicité du film en faisant référence de façon discrète mais parfaitement claire à une interprétation largement répandue de l'histoire d'Ève et du fruit défendu. Il lui a suffi pour y parvenir d'abord de limiter l'épluchure à la seule partie inférieure du fruit, à laquelle il a donné, en la mettant ainsi à nu, le contour d'une paire de fesses, puis de représenter la pelure sous la forme d'un serpent qui semble avoir pour unique fonction de dévoiler à la vue de tous, la chair désirable du fruit… comme l'est celle de la femme !

Adam et Ève au Paradis. D'après La Petite Passion, *Albrecht Dürer, 1511.*

Ainsi, grâce à son extraordinaire richesse symbolique, la pomme a la capacité de suggérer par sa seule image, littéraire ou bien graphique, à la fois une histoire dramatique, celle du Paradis perdu, et le plaisir que peuvent procurer les sens. Certes, la référence biblique au péché originel reste toujours bien présente, mais la violation de l'interdit divin se trouve en quelque sorte dédramatisée, voire banalisée, par l'apport d'autres perspectives symboliques complexes qui trouvent leurs sources ailleurs que dans la Bible. Il en résulte que la signification symbolique de l'image de la pomme s'en trouve profondément transformée. Celle-ci ne renvoie plus seulement à des sentiments de crainte envers Dieu ou de honte vis-à-vis du péché. Bien au contraire, elle appelle à une relecture des textes bibliques visant à déculpabiliser l'homme à l'égard d'un péché originel qui ne saurait plus être identifié à un interdit sexuel ; elle invite même à prendre et à partager un plaisir qui ne peut plus, dès lors, être considéré comme un péché, surtout à une époque où l'hédonisme tient une place de plus en plus importante dans les mœurs.

La majorité des œuvres artistiques a, pour sa part, fortement contribué à conforter l'identification de la pomme au fruit défendu et à la diffusion de cette image dans le contexte de la scène biblique de la tentation. Dès le Moyen Âge, à une époque où la quasi totalité de la population était illettrée, sculptures, vitraux d'églises, peintures et dessins qui représentent les différentes scènes du récit de la Genèse font une large place au pommier ainsi qu'à la pomme. Celle-ci peut, selon les artistes, être représentée intacte ou entamée, seule ou en plusieurs exemplaires. La présentation et l'analyse de ces œuvres, nombreuses et diverses exigeraient de longs développement qui ne sauraient trouver place dans le cadre nécessairement limité de cet ouvrage. Nous nous bornerons simplement à indiquer quelques-unes des principales variations sur le thème de la tentation d'Ève au Paradis qui paraît avoir été une source particulièrement riche pour l'imagination des artistes.

L'Arbre de la connaissance a le plus souvent été représenté sous l'apparence d'un pommier. Ce qui n'exclut pas quelques innovations botaniques, comme celles de Lucas Cranach ou d'Albert Dürer qui ont eu l'idée de dessiner un figuier dont les branches portent des pommes ! Cette apparente aberration n'est en fait qu'un procédé commode pour évoquer plusieurs épisodes de la même scène biblique en les juxtaposant dans une seule représentation. Le figuier porteur de pommes nous rappelle ici qu'Adam et Ève, après avoir croqué la pomme ont caché leur nudité avec des feuilles de figuier. D'autres artistes ont essayé d'intégrer dans une seule et même œuvre, en les agençant avec plus ou moins de bonheur, les principales identifications du fruit défendu proposées par les différents commentateurs bibliques. Ainsi J. Failligh, par exemple, a dessiné en haut de sa gravure des feuilles de figuier qui servent en outre à cacher le sexe d'Adam et celui d'Ève, sur le côté droit un cep de vigne, et sur le côté gauche des branches de pommier. Certains dessinateurs ont voulu souligner la gravité de la transgression de l'ordre divin et signifier qu'elle était source de mort par une composition particulièrement macabre : ils ont représenté l'arbre par un squelette dont les os des bras sont tendus à l'horizontale, comme des branches, auxquelles pendent des pommes.

C'est enroulé autour d'un tronc de pommier que le serpent a le plus fréquemment été représenté. Mais dans quelques œuvres, l'artiste, comme par exemple Michel-Ange, au plafond de la Chapelle Sixtine, l'a imaginé sous la forme d'un monstre dont la partie inférieure du corps est celle d'un reptile et la partie supérieure celle d'un homme. Parfois, le serpent tentateur est dessiné avec un buste ou une tête de femme.

Quant à Ève, elle est dans la quasi totalité des œuvres figurée avec une pomme. Mais les interprétations diffèrent d'un artiste à l'autre. Tantôt elle tient une seule pomme qu'elle a déjà mordue et tend à Adam, tantôt elle a une pomme dans chaque main, l'une est entamée, l'autre est intacte et proposée à ce dernier. Quant à Adam, il est représenté lui aussi avec une pomme, mais son attitude est évidemment déterminée par celle d'Ève. Aussi, selon les cas, il aura la main tendue vers celle-ci pour prendre le fruit qu'elle lui propose, ou bien il aura déjà la pomme dans la main, en partie consommée ou non.

Il faudrait toutefois se garder d'attribuer systématiquement une valeur symbolique négative à la pomme lorsqu'elle est associée à l'épisode du Livre de la Genèse. En effet, si c'est par les commentateurs chrétiens de la Bible que la pomme a acquis le statut de fruit défendu, affligé par eux d'une image totalement défavorable, c'est paradoxalement par eux qu'elle a aussi été réhabilitée. Une relecture du Livre de la Genèse, à la lumière du Nouveau Testament les a en effet conduits à lui accorder une valeur symbolique éminemment positive, qui, il est vrai, n'a pas connu le même succès que la première. L'exégèse de ces commentateurs est relativement complexe. Disons pour simplifier qu'elle se fonde sur une double approche mystique des textes bibliques qui les a conduits à considérer d'une part le Christ comme le nouvel Adam, ou encore le second Adam, et d'autre part la mère du Christ, la Vierge Marie, comme la nouvelle Ève. Elle a peut-être son origine dans ce passage de la 1ère Épître de saint Paul aux Corinthiens :

> « Christ est ressuscité des morts, prémices de ceux qui sont morts. En effet, puisque la mort est venue par un homme (Adam), c'est par un homme aussi que vient la résurrection des morts : comme tous meurent en Adam, en Christ tous recevront la vie. »
> (15, 20-22.)

Adam et Ève. D'après une gravure sur bois de Lucas Cranach.

À la seule interprétation des textes qui conduisait à associer exclusivement la pomme à la mort, ils ont proposé d'en ajouter une seconde, radicalement différente et considérablement enrichie qui s'articule sur une opposition du Christ à Adam, c'est-à-dire de la Vie à la Mort, dont chaque terme peut être représenté symboliquement par la pomme ou le pommier. Au fruit qui ne pouvait être imaginé jusqu'alors que lié à la source du péché, donc à la mort, il devenait désormais possible d'opposer le même fruit associé à la source du Salut, donc à la vie éternelle.

L'observation de la nature offrait d'ailleurs cette double image de la pomme et pouvait aisément servir de support à leur interprétation. En effet, si certaines espèces ou variétés de ce fruit sont acides, âcres, acerbes, bref, impropres à la consommation et doivent par suite être rejetées, comme doit l'être le péché qu'elles peuvent très bien symboliser, il en est d'autres qui sont d'un goût agréable, douces, sucrées et sont des fruits éminemment comestibles, comme le montre l'extension progressive de leur culture en Europe au Moyen Âge, à la fois cause et conséquence d'un développement continu de leur consommation. On observe ainsi une opposition entre le non-consommable qui est à laisser à l'état sauvage et à condamner et le consommable qui est à cultiver et à préserver.

Si l'interprétation du Livre de la Genèse au regard des données des Évangiles a eu pour conséquence indirecte de réhabiliter la pomme en la faisant bénéficier d'une image positive, favorable et même bienveillante, elle a aussi eu pour effet d'intégrer le pommier aux deux ensembles symboliques de l'arbre et de la croix qui sont l'un et l'autre d'une grande richesse, et de donner naissance à de nouvelles valeurs symboliques qui associent l'arbre et le fruit d'une part au Christ, d'autre part à la Vierge Marie.

Dans la mesure où l'on avait conçu une relation mystique entre la mort du Christ et le péché d'Adam, le premier rachetant par sa mort sur une croix le péché du second, et par suite celui de tous les hommes, il parut tentant d'en déduire qu'il pouvait y avoir aussi un certain rapport mystique entre la croix du Christ et l'arbre par lequel Adam avait fauté, c'est-à-dire le pommier. Ces quelques mots, écrits par saint Ambroise, au IVe siècle, illustrent assez bien cette idée :

> « Ève fut la cause de notre damnation par une pomme de l'arbre, Marie obtint notre pardon par le don de l'arbre, car le Christ était suspendu à l'arbre comme un fruit. »

On retrouve sans doute une telle conception à l'origine de cette croyance très forte au Moyen Âge selon laquelle le vrai bois de la Croix ressuscitait les morts, et que ce bois devait son efficacité au fait que la Croix avait été confectionnée avec l'Arbre de Vie, planté au Paradis. Sans doute la référence à l'Arbre de Vie était-elle plus compréhensible pour justifier son pouvoir de faire revenir un mort à la vie, mais selon d'autres textes il s'agissait de l'Arbre de la Connaissance du Bien et du Mal. Toujours est-il qu'un grand nombre de légendes sur la nature de l'arbre de la Croix se forgea et se diffusa tout au long du Moyen Âge. Elles font toutes référence aux deux arbres du Paradis mentionnés dans le Livre de la Genèse, mais elles mêlent en fait deux conceptions de la relation du Christ à Adam, l'une qui met l'accent sur l'opposition Mort/Vie et privilégie l'Arbre de Vie, l'autre qui insiste davantage sur l'opposition Péché/Rachat et se réfère plus volontiers à l'Arbre de la Connaissance. Parmi les légendes les plus célèbres et les plus diffusées dans toute la chrétienté, on peut citer celle qui relate le voyage imaginaire de Seth au Paradis. Elle raconte qu'Adam, atteint d'une maladie mortelle, envoie son fils Seth au Paradis pour y demander l'huile de la miséricorde à l'archange qui en garde l'entrée. Celui-ci conseille à Seth de regarder trois fois le Paradis. La première fois, Seth voit l'eau d'où quatre fleuves prennent naissance et, au-dessus un arbre desséché. La deuxième fois, un serpent s'enroule autour du tronc. La troisième fois, il voit l'arbre s'élever jusqu'au ciel, portant à son sommet un enfant nouveau-né et plonger ses racines jusqu'aux enfers. L'archange explique à Seth la signification de ces visions et lui annonce la venue d'un Rédempteur. Il lui donne en outre trois graines des fruits de l'arbre dont ses parents avaient goûté (il s'agit donc bien ici de l'Arbre de la Connaissance) et lui dit de les mettre sur la langue d'Adam qui mourra trois jours après. De ces graines naîtront plus tard trois arbres qui seront transplantés d'abord par Moïse au Mont Tabor (ou Horeb), puis par David à Jérusalem. Après bien d'autres épisodes, ces trois arbres fusionnent en un seul arbre dont fut faite la Croix du Christ. Le sang de Jésus, crucifié précisément à l'endroit où Adam avait été créé et enterré, tombe sur le crâne d'Adam et baptise ainsi, en le rachetant de ses péchés, le père de l'humanité.

Le Christ crucifié sur un pommier. D'après une gravure de Petrus Clouwet.

De nombreuses œuvres d'art illustrent parfaitement cette relation entre le pommier du Paradis et la Croix du Christ en représentant Jésus crucifié sur un arbre dont les deux branches maîtresses sont celles d'un pommier. Certains artistes ont enrichi cette représentation symbolique en faisant courir sur ses branches les rameaux d'un cep de vigne, Ils ont peut-être voulu rappeler ainsi une des identifications possibles de l'Arbre de la Connaissance, mais il semble plus vraisemblable qu'ils aient souhaité, en faisant porter à ce sarment des grappes de raisin, et jaillir de l'une d'elles un jus précieusement recueilli dans un calice par un prêtre, symboliser le sang versé par le Christ en rémission des péchés et rappeler la vigne eucharistique qui nourrit l'âme des croyants et leur communique la vie éternelle.

La relation du Christ avec la pomme est également présente dans quelques représentations de l'Enfant Jésus qui est figuré une pomme à la main ou sur les genoux. L'intention de l'artiste est dans ces cas-là d'évoquer discrètement grâce à la pomme utilisée comme symbole du Salut et de la Rédemption la mission qui sera celle de Jésus, le Christ. Il est même quelques œuvres où une croix est plantée dans la pomme pour rappeler de façon plus affirmée que c'est par le sacrifice de la Croix que le Salut est donné à tout homme en ce monde, la forme sphérique de la pomme pouvant symboliser à son tour celle de la terre, comme nous le verrons plus loin.

C'est dans la même perspective d'un pommier considéré comme le symbole du Salut par le Christ, nouvel Adam, qu'il faut rattacher certaines interprétations de ce court passage, très discuté d'ailleurs, du Cantique des Cantiques, sur lequel nous reviendrons au chapitre 5 :

> « Comme un pommier au milieu des arbres de la forêt, tel est mon chéri parmi les garçons. » (2, 3.)

Elles s'inspirent, parmi les différentes exégèses possibles de ce poème, de celles qui en donnent une interprétation allégorique : l'Époux et l'Épouse qui y sont mis en scène représenteraient respectivement le Christ et l'Église. Dans le même esprit, on peut rappeler ce bref commentaire de saint Ambroise au VIe siècle :

> « Ce n'est pas seulement l'odeur, mais aussi la nourriture qui est douce dans la pomme : cette douce nourriture, c'est le Christ. »

On peut rapprocher de cette interprétation de saint Ambroise, la légende bretonne de saint Magloire qui met en opposition la pomme acide et la pomme douce, comme s'opposent la pomme du péché et la pomme du salut, le paganisme et le christianisme. Elle raconte que saint Magloire, futur évêque de Dol au VIe siècle, poursuivi par des païens, dut se cacher dans le creux d'un vieux pommier où il resta trois jours et trois nuits. Cet arbre n'avait plus qu'un seule pomme au bout d'une branche. Assoiffé et affamé, le saint la saisit, bien qu'elle dut, pensait-il, être aussi âcre que les fruits des autres pommiers de la région. Oh surprise ! la pomme avait une douce saveur comparable à celle du miel et elle lui permit d'échapper à la mort.

La Vie du saint, texte latin rédigé sans doute vers le XIe siècle, raconte en outre que, lors de ses obsèques, son cercueil fut posé sur les branches d'un pommier qui ne donnait jusqu'alors que des pommes âcres. À partir de cet instant, il ne produisit plus que des pommes douces ! Peut-être est-ce à la suite de ces miracles qu'une variété de pomme reçut le nom de « doux-évêque » ? mais il est aussi d'autres explications sur l'origine de cette appellation. (Cf. : chap. I.)

Les théologiens du Moyen Âge, ayant tiré de l'exégèse des textes du Nouveau Testament que le Christ pouvait être considéré comme le nouvel Adam, furent amenés à proposer de voir dans la Vierge Marie la nouvelle Ève qui rachète le péché de la première Ève, en donnant naissance au Christ. Seule de toute l'humanité à avoir été préservée de la souillure du péché originel dès sa conception, selon le dogme de l'Immaculée Conception, Marie participe ainsi au salut du monde, et par suite, il n'est pas étonnant de relever, parmi la surabondante iconographie de la Vierge, quelques œuvres où elle est représentée avec une pomme, soit seule, soit avec l'Enfant Jésus, notamment à partir du XVe siècle chez les peintres italiens et de l'Europe du Nord. La pomme prend place parmi d'autres fruits qui sont particulièrement associés à la Vierge avec chacune une valeur symbolique, comme l'orange, la grappe de raisin, la grenade, la cerise ou la noix. La symbolique des végétaux est en effet particulièrement riche à cette époque. À titre d'exemple particulièrement significatif concernant la pomme, nous pouvons citer un tableau de Crivelli où le peintre a représenté la Vierge tenant dans ses bras l'enfant Jésus, qui tient une pomme dans ses mains, ce qui est courant. Mais il a en outre dessiné une pomme, en haut du tableau, qui fait référence à la signification symbolique de la pomme en tant que fruit du salut, par opposition à un concombre figuré au premier plan dans le bas de la composition qui était alors considéré comme symbole de la luxure.

Marque de Jehan Saint-Denis, libraire à Paris, 1530. Ici, l'«arbre de la connaissance» semble avoir pour fruit le globe terrestre même.

On peut également signaler cette curieuse « statuette ouvrante » du XVe siècle conservée au Musée de l'Histoire du Moyen Âge à Paris qui représente la Vierge Marie portant l'Enfant Jésus sur son bras droit tandis qu'elle présente une pomme dans la main gauche, et dévoile, quand on l'ouvre en en faisant pivoter chaque moitié sur ses gonds, une représentation de Dieu le Père en majesté au-dessus d'un Christ en croix. Elle illustre parfaitement cette croyance très répandue à l'époque selon laquelle la pomme, symbole de la chute d'Ève, se transforme, dans les mains de Marie, en signe de salut lorsqu'il est lié au Christ dont le sacrifice sur la croix rachète le péché du monde. De plus, la pomme, par sa forme même, évoque très souvent une représentation du globe terrestre qui peut souligner ici le caractère universel du rachat.

L'interprétation des premières pages du Livre de la Genèse a donc été pour la pomme, dès le Moyen Âge, à l'origine d'un riche contenu symbolique aisément compréhensible par tous ceux qui étaient imprégnés de culture chrétienne. Celui-ci se situe au moins à trois niveaux. Elle fut d'abord perçue comme le symbole de la tentation, de la désobéissance à Dieu, de la transgression de l'interdit divin, du péché originel et de la chute de l'homme. Cette première série de symboles s'appuyait sur une perception de la pomme considérée comme un fruit maudit, et contribua largement à en véhiculer une image particulièrement défavorable. Mais à ce premier niveau de sa symbolique s'en ajouta un second qui l'enrichit considérablement lorsque l'on s'avisa d'assimiler le péché originel à celui « de la chair ». La pomme y fut dès lors associée à l'amour, à la sexualité et même à la luxure, rejoignant ainsi indirectement d'autres significations symboliques de ce fruit dont la source est à rechercher dans les croyances païennes de la mythologie gréco-romaine. À ces deux niveaux de symboles s'en superposa un troisième qui eut pour origine un ensemble de réflexions mystiques sur le rachat du péché d'Adam et d'Ève, et par suite de toute l'humanité, par le sacrifice sur le bois de la croix du Christ, considéré comme le nouvel Adam, « fruit des entrailles » de Marie, tenue pour la nouvelle Ève.

« L'Arbre de la Mort et de la Vie », d'après une miniature de Berthold Furtmeyer, missel de l'archevêque de Salzburg, 1481.

Æglé, Érytheia, Hespéra, les trois Hespérides, et le dragon Ladon gardien du jardin. D'après un vase grec peint.

CHAPITRE IV

DE LA QUÊTE DE LA CONNAISSANCE À LA RECHERCHE DE L'IMMORTALITÉ, DU POUVOIR ET DE LA RICHESSE

Le désir de posséder la Connaissance absolue de toutes choses qui permettrait entre autres d'exercer un pouvoir sans partage sur l'univers entier a sans doute été l'un des rêves les plus insensés à tourmenter une partie de l'humanité. Aussi fournit-il le sujet de nombreux mythes qui racontent l'aventure d'êtres d'exception dont le but est de se hisser au niveau des dieux. Obsédés par l'espoir de parvenir à les égaler et à se libérer ainsi de toutes les limites qui les enserrent et de toutes les contraintes qui les brident, ils n'hésiteront pas à risquer leur vie pour réussir dans leur entreprise. Cette quête de la Connaissance s'accompagne fréquemment de celle des attributs qui sont le plus généralement accordés aux divinités et dont elles semblent jouir sans partage, excitant par là même la jalousie et la convoitise des hommes, comme l'immortalité, le pouvoir sans partage sur les êtres et les choses ou la possession de toutes les richesses du monde.

Selon les peuples et les époques, les légendes et les mythes privilégieront l'un ou l'autre de ces différents thèmes, mais ceux-ci s'entremêleront, se croiseront, se superposeront souvent dans les récits, parfois même se fondront les uns dans les autres. La plupart d'entre eux ont toutefois en commun d'accorder un rôle essentiel à un arbre, généralement étroitement protégé par des gardiens réputés invincibles, dont le héros doit cueillir le ou les fruits pour atteindre le but recherché. La nature de cet arbre n'est pas toujours explicitement mentionnée, mais dans certains cas, c'est le pommier et la pomme qui ont été délibérément choisis pour assumer ce rôle si bien que le récit ou le mythe ne pourraient « fonctionner » sans eux.

Afin de donner un aperçu aussi clair que possible des différentes valeurs symboliques accordés à la pomme dans ces derniers, on abordera successivement les quatre thèmes les plus récurrents : la quête de la Connaissance, l'aspiration à l'immortalité, la maîtrise du pouvoir et la possession des richesses.

Le pommier comme arbre de la « connaissance humaniste ». Marque de Charles Estienne, imprimeur à Paris, XVIe siècle.

1 - La pomme, symbole de la Connaissance

L'un des récits les plus connus et les plus anciens où la pomme apparaît comme le fruit de l'Arbre de la Connaissance est celui du Livre de la Genèse dont il a été largement traité au chapitre précédent. Certains auteurs qui ont admis que le fruit de cet arbre était bien une pomme, malgré les fondements quelque peu contestables de cette identification, ont observé que celle-ci présentait une particularité morphologique qui justifiait de reconnaître en elle le fruit de la connaissance et, par suite, d'en faire le symbole de la Connaissance absolue. Ils ont remarqué, en effet, que lorsque l'on coupe une pomme par le milieu, perpendiculairement à l'axe de son pédoncule, on mettait à jour une sorte d'étoile à cinq branches, chacune d'elles correspondant à un ovaire contenant généralement deux pépins. Or le nombre cinq — qui est par ailleurs très présent dans la pomme (cf. : chap. II) — a une valeur symbolique particulièrement importante. On observera par exemple qu'il est à la fois au centre des neuf premiers nombres et la somme du premier nombre pair, le 2, et du premier nombre impair, le 3. C'est notamment pour cette raison qu'il a été considéré, en particulier par les disciples de Pythagore, comme le « nombre nuptial » par excellence, c'est-à-dire celui qui unit les inégaux : le principe céleste, le 3, au principe terrestre, le 2, ou encore le principe féminin, le 2, au principe masculin, le 3. C'est donc le nombre de l'équilibre et de l'harmonie. On n'a pas manqué de remarquer par ailleurs que dans la Bible, le nombre cinq paraissait initiatique, rejoignant ainsi la doctrine pythagoricienne qui, en relation avec le pentacle ou pentagramme, en faisait un symbole ésotérique par excellence, la figure parfaite qui résume l'homme considéré comme microcosme. Les références sont nombreuses et significatives. On retiendra seulement, à titre d'exemples, que le Pentateuque, c'est-à-dire la Torah, la Loi ou l'Écriture des Juifs, est composé des cinq premiers Livres de la Bible, et que le Christ, considéré comme l'homme-microcosme par excellence, est percé de cinq plaies pour illustrer son humanité. Quant à la « quinte essence » que les philosophes de l'Antiquité ajoutèrent aux quatre essences d'Empédocle, (terre, feu, air et eau), elle est une substance éthérée qui prit vers le XIIIe siècle le sens de substance pure par excellence.

Coupe équatoriale d'une pomme montrant l'étoile à cinq branches dans laquelle s'inscrit l'homme.

Les auteurs qui ont fait le rapprochement entre la disposition morphologique de la partie centrale de la pomme, le chiffre cinq exprimé par le nombre des ovaires et leur disposition, qui peut rappeler l'étoile du pentagramme, en ont déduit qu'il fallait considérer ce fruit comme le symbole de la connaissance ou du savoir. Ainsi, par exemple, Robert Ambelain rappelle dans son ouvrage intitulé *Dans l'ombre des cathédrales* :

« La pomme, même de nos jours, dans les écoles initiatiques, est le symbole imagé de la connaissance, car, coupée en deux dans le sens de l'axe du pédoncule, nous y trouvons un pentagramme, traditionnel symbole du savoir, dessiné par les dispositions même des pépins. »

De même, l'abbé E. Bertaud, dans ses *Études de symbolisme dans le culte de la Vierge*, remarque :

« Le symbolisme de la pomme lui vient de ce qu'elle contient en son milieu, formé par les alvéoles qui renferment les pépins, une étoile à cinq branches. C'est pour cela que les initiés en ont fait le fruit de la connaissance et de la liberté. Et donc manger la pomme, cela signifiait pour eux abuser de son intelligence pour connaître le mal, de sa sensibilité pour le désirer, de sa liberté pour le faire. Mais comme il est toujours arrivé, la foule du vulgaire a pris le symbole pour la réalité. L'enclosement du pentagramme, symbole de l'homme-esprit à l'intérieur de la chair de la pomme, symbolise l'involution de l'esprit dans la matière charnelle. »

On notera que, pour ces auteurs, c'est la présence du chiffre cinq matérialisé entre autres par les pépins au cœur du fruit, qui permet d'associer la pomme à la Connaissance. On pourrait voir aussi dans cette association une certaine authentification de l'identification du pommier à l'Arbre de la Connaissance. C'en pourrait être, en quelque sorte la signature, la marque qui garantit le bien-fondé de l'hypothèse !.. Mais cet argument quelque peu spécieux ne semble pas encore s'être trouvé de défenseur.

On retrouve peut-être aussi une allusion à la pomme comme symbole de la connaissance dans différents contextes où elle nous paraît plus ou moins discrètement suggérée. Prenons quelques exemples :

Le premier nous sera fourni par Isaac Newton et sa découverte des lois de la gravitation universelle en observant des pommes tomber d'un arbre. Cette histoire appartient sans doute à la légende, mais le fait que ce soit la pomme qui ait été choisie et retenue par la mémoire collective, de préférence à tout autre fruit pour être associée à cette étape essentielle dans l'histoire des connaissances scientifiques, n'est pas sans intérêt. L'image de la pomme, à supposer qu'elle ait été citée par Newton lui-même dans ses vieux jours, n'est peut-être pas la relation d'un fait réel, mais un simple moyen pédagogique utilisé par le savant pour frapper l'imagination et faire en sorte que sa découverte s'imprime aisément dans la mémoire. À moins que la pomme n'ait été choisie de façon délibérée par Newton, fin connaisseur de la Bible parce qu'elle était le fruit de l'Arbre de la connaissance et qu'il voulait par ce choix même souligner l'importance de sa découverte, bien qu'elle ne fut qu'une simple étape dans le long cheminement des hommes en quête du Savoir. On ne le saura sans doute jamais… ! Rappelons que cette histoire anecdotique selon laquelle Newton aurait eu l'intuition de sa découverte en regardant une pomme mûre tomber d'un arbre, a été colportée à la suite d'une révélation faite en 1726, par le biographe de Newton, W. Stukeley. Voltaire qui relate l'histoire dans une de ses *Lettres philosophiques* ne mentionne pas la pomme, mais se borne à indiquer la chute de fruits. Il écrit :

« S'étant retiré en 1666 à la campagne, près de Cambridge, un jour qu'il se promenait dans son jardin et qu'il voyait des fruits tomber d'un arbre, (Newton) il se laissa aller à une méditation profonde sur cette pesanteur dont tous les Philosophes ont cherché si longtemps la cause en vain... » (Lettre XV.)

Il ajoute dans ses *Éléments de la philosophie de Newton* qu'il tient cette anecdote de la nièce de Newton, Mme Conduit (III,3).

La légende de la « pomme de Newton » connut cependant un tel succès et demeure tellement tenace encore aujourd'hui que l'on se croit toujours obligé de montrer dans le jardin de la propriété du savant à Woolsthorpe, sinon le pommier qui aurait été à l'origine de la découverte, du moins un pommier en souvenir de celle-ci.

On trouvera peut-être une application de l'association symbolique de la pomme à la connaissance dans certaines recettes de médecine populaire où elle est parfois mentionnée pour soigner les faiblesses de la vue et les maux d'yeux. Hildegarde de Bingen, déjà citée, indique, par exemple, à l'intention du malade :

Isaac Newton méditant sous son pommier.

« il recueillera les feuilles (du pommier), en exprimera le suc, et lui ajoutera, en quantité égale, de la sève de vigne ; il mettra le tout dans un récipient et, le soir, avant d'aller se coucher, avec une plume qu'il aura trempée dedans, il se frottera légèrement les paupières et les yeux... qu'il s'asperge avec les feuilles ainsi écrasées et la sève ainsi recueillie, qu'il en mette sur ses yeux, qu'il mette un linge par-dessus et dorme ainsi ; il répétera cela souvent, l'obscurité de ses yeux disparaîtra et il verra plus clair. »
(Livre des subtilités... II. 1.)

L'origine de cette croyance en la vertu de la pomme pour guérir les affections de l'un des organes appelés à jouer un rôle essentiel dans l'approche de la connaissance est peut-être à rechercher dans la fonction symbolique qui lui est accordée dans ce domaine.

Dans des secteurs bien différents, on pourrait peut-être trouver aussi, plus ou moins explicitement suggérées, des allusions à la pomme comme symbole de la connaissance. Ainsi, par exemple, pourrait-on signaler ici le personnage de Miss Oliver qui apparaît dans plusieurs œuvres d'Agatha Christie, comme *La Fête du potiron* ou encore *Mrs Mac Ginty est morte*. Cette femme, qui est présentée comme un auteur de romans policiers d'une grande perspicacité, dévore des pommes à longueur de journée. Faut-il voir dans ce comportement excentrique rappelé avec insistance par Agatha Christie un clin d'œil malicieux de l'auteur au symbole de la pomme qui permet d'accéder à la connaissance quand on la croque, et dans les cas d'énigmes policières, de parvenir à la découverte du coupable... ?

« *Logo* » *de la marque* Apple.

Dans le même ordre d'idées, ne faudrait-il pas voir dans le choix du logo « Apple » de la célèbre marque d'ordinateurs Macintosh, l'idée que le matériel frappé du dessin d'une belle pomme multicolore, légèrement croquée sur le côté, offrirait en quelque sorte à son acquéreur la garantie qu'il est le meilleur instrument pour accéder au savoir ? Simple suggestion sans doute trop subtile car, en réalité, le choix de la pomme aurait, dit-on, tout simplement été décidé par Steve Jobs, le fondateur de la firme, par fidélité à son fruit préféré et en souvenir de sa vie écologique dans l'Orégon. Il est vrai que la pomme est parfois utilisée par les mouvements écologistes comme un des symboles de la nature.

Et ne faudrait-il pas voir également la même allusion à la diffusion de la connaissance dans le logo de la station de radio Europe I qui a transformé le *o* de Europe en un fruit rond doté de deux feuilles qui pourrait bien être une pomme en dépit de sa couleur bleue ?

2- *La pomme, symbole de l'immortalité*

Un certain nombre de mythes et de récits mettent la pomme en relation avec la mort. Dans certains cas, elle est le fruit dont la manducation provoque la mort, dans d'autres au contraire, elle est celui qui a le pouvoir de donner la vie éternelle à l'être d'exception qui la consomme, après avoir surmonté de redoutables épreuves pour parvenir à la cueillir.

Dans la Bible, la pomme, nous l'avons vu au chapitre précédent, est présentée à la fois comme le fruit symbolique de la connaissance et le fruit défendu dont la consommation entraînera la mort. Mais certains commentateurs du Livre de la Genèse avancent que le texte suggère en outre qu'il existe un rapport étroit entre la Connaissance et l'Immortalité. Ceux-ci justifient leur interprétation en se fondant sur le rapprochement de deux passages du Livre. Dans le premier, Dieu dit à Adam et Ève :

« Tu pourras manger de tout arbre du jardin, mais tu ne mangeras pas de l'Arbre de la connaissance du bien et du mal, car du jour où tu en mangeras, tu devras mourir. » (Gen. 2, 16.)

Dans le second, lorsque les deux fautifs ont goûté au fruit défendu qui devient ainsi symboliquement le fruit de la désobéissance et par suite le fruit de la mort, Dieu dit :

« Voici que l'homme est devenu comme l'un de nous par la connaissance du bien et du mal. Maintenant qu'il ne tende pas la main pour prendre aussi de l'Arbre de vie, en manger et vivre à jamais… Ayant chassé l'homme (du Paradis), il posta les Chérubins à l'orient du jardin d'Éden avec la flamme de l'épée foudroyante pour garder le chemin de l'Arbre de Vie. »

(Gen. 3, 22-23.)

Du rapprochement de ces deux passages, ces exégètes ont cru comprendre que l'Arbre de Vie, celui qui donne les fruits d'immortalité, était en quelque sorte caché à Adam au moment où il prit possession du jardin d'Éden. Selon eux, le premier homme n'aurait pu l'identifier et connaître son chemin d'accès qu'après s'être approprié la connaissance du bien et du mal en mangeant du fruit de l'Arbre de la Connaissance. Autrement dit, c'est par la consommation du fruit défendu qu'Adam aurait pu accéder à l'immortalité, et à sa suite toute l'humanité, si Dieu n'en avait interdit l'accès en y plaçant une garde redoutable. Ainsi, selon cette interprétation du texte biblique, si la pomme n'est pas perçue explicitement comme le fruit de l'immortalité, elle n'en est pas moins indirectement associée au symbole de l'éternité.

Il en va tout autrement dans d'autres récits. En effet, le thème de l'Arbre de Vie dont l'accès est gardé par des êtres surnaturels ou monstrueux est commun à de nombreuses traditions.

Elles mettent généralement en scène un héros en quête de l'immortalité qui tente de s'en approcher pour y cueillir les fruits miraculeux qui, selon les mythes, confèrent l'immortalité, rajeunissent, assurent une éternelle jeunesse ou accordent seulement une très longue vie. Si ce sont le plus souvent les fruits d'un arbre qui possèdent de tels pouvoirs, il ne s'agit parfois que d'un végétal de taille plus modeste, comme par exemple dans l'épopée babylonienne de Gilgamesh où elle n'est qu'une herbe pleine d'épines, dont le héros s'empare après avoir plongé au fond de la mer où elle était cachée, mais dont il se trouve finalement dépossédé par un serpent qui la lui dérobe par ruse.

Le mythe grec du jardin des Hespérides est plus connu. Les pommes qu'y donnent ses arbres sont également des fruits extraordinaires dont la consommation permet d'accéder à l'immorta-

Héraclès au jardin des Hespérides. D'après un bas-relief romain.

lité. Mais, comme dans bien d'autres récits, ce jardin et ses pommiers merveilleux sont protégés par un effrayant dragon nommé Ladôn. Le héros du mythe, Héraclès (Hercule chez les Romains) devra surmonter de nombreuses épreuves pour parvenir à son entrée et il lui faudra tuer le dragon pour pouvoir y pénétrer et y cueillir les pommes tant convoitées.

Ce mythe est très ancien et il a fait l'objet d'une large diffusion dans le monde gréco-romain.

De ce fait, il en existe maintes versions, qui diffèrent les unes des autres sur de nombreux points. Leur étude comparative mériterait à elle seule un livre entier. Nous nous en tiendrons à la version la plus courante. Quelques remarques préliminaires s'imposent, dont la première nous paraît essentielle : le jardin des Hespérides était-il un verger planté de pommiers ? On peut en douter. En effet, le mot grec *mêlon* peut désigner un fruit rond et notamment une pomme, ainsi que nous l'avons vu au chapitre 1, mais aussi un animal généralement de petite taille, comme un mouton ou une chèvre. Aussi, certains auteurs, comme par exemple Diodore de Sicile, rapportent que le dragon gardait non pas un verger mais le troupeau de moutons des Hespérides dont la beauté était telle qu'on les appelait « moutons dorés » (IV.26.2 sq). La tradition la plus répandue a toutefois retenu un verger plutôt qu'un troupeau. Demeure néanmoins, l'ambiguïté du mot *mêlon* sur la nature exacte du fruit qu'il désigne. La tradition a sélectionné la pomme et l'idée ne viendrait plus à personne aujourd'hui de faire référence aux coings ou aux grenades des Hespérides, bien que le mot grec ait pu concerner ces différents fruits tout aussi bien que la pomme lorsque le mythe prit naissance.

On trouve déjà une allusion à ce fameux jardin des Hespérides dans l'une des plus anciennes œuvres de la littérature grecque, la *Théogonie*, que le poète Hésiode écrivit probablement vers le VIIe siècle avant J.–C. pour raconter l'histoire de la naissance de l'univers et de l'origine des dieux. On y apprend que la Nuit, fille du Chaos, engendra les Hespérides qui,

> « au delà de l'illustre Océan ont soin des belles pommes d'or et des arbres qui portent de tels fruits. » (*Théogonie*, 215 sq.)

Hésiode les présente ainsi comme les nymphes du Couchant, c'est-à-dire l'extrémité du monde des hommes, du côté du royaume des morts. Selon d'autres auteurs, plus tardifs, elles seraient filles de Zeus et de Thémis ou de Phorcys et de Céto ou encore d'Atlas. Quant à leur nombre, il varie également d'un écrivain à l'autre. Le plus souvent, elles sont trois : Ægle, Érythie et Hesperarethousa, mais parfois quatre, chacune des parties du nom de la dernière, scindé en deux, étant attribuée à une Hespéride distincte : Hespéria et Aréthuse. Des divergences apparaissent aussi sur la localisation de ce merveilleux jardin dont elles avaient la garde. Pour les uns, comme Apollodore, celui-ci se serait situé dans le voisinage de la Libye, pour d'autres, il serait au bord de l'Océan ou au pied du Mont Atlas ou encore au pays des Hyperboréens. C'est sans doute Pline qui est le plus précis. Pour lui, le jardin aurait été situé à Lixos, sur une île que l'on a identifiée avec l'île de Rehana au confluent du Méhacem et du Loukos, au Maroc. Pline s'en explique :

L'arbre du Jardin des Hespérides, et le dragon.

« Là, les Anciens situaient le palais d'Antée, son combat avec Hercule et le jardin des Hespérides. La mer y pénètre dans un estuaire formant un méandre sinueux ; c'est par ce détail géographique qu'on explique aujourd'hui le dragon qui gardait le jardin. Cet estuaire embrasse l'île… Il y reste un autel consacré à Hercule et rien d'autre que des oliviers à la place des fameux arbres d'or »
(*Histoire naturelle*, V. 1, 3.)

Si la localisation du jardin des Hespérides ne fait pas l'unanimité chez les auteurs anciens, tous s'accordent en revanche pour attribuer à Héraclès, fils de Zeus et d'une mortelle, Alcmène, le mérite d'être parvenu à y pénétrer et à s'emparer des fameuses pommes d'or. Mais leurs récits sont à nouveau divergents pour relater les différentes phases de cet exploit. On se limitera encore à présenter la version la plus courante selon laquelle la Terre, Gaïa, avait fait don de pommes d'or à la déesse Héra lors de son mariage avec Zeus. Héra avait trouvé ces fruits si beaux qu'elle en avait fait semer les graines dans son jardin, à l'extrême occident, non loin de la demeure du Géant Atlas qui avait été contraint par Zeus à soutenir la voûte du ciel sur ses épaules. Comme les filles d'Atlas avaient coutume de venir piller ce jardin, Héra avait placé l'arbre merveilleux qui portait les pommes d'or sous la surveillance d'un dragon immortel doté de cent têtes et d'une vigilance extrême car il ne dormait jamais. Selon Ovide, ce serait Atlas lui-même qui aurait fait enclore ce jardin et en aurait confié la garde à un énorme dragon, car il se souvenait d'un ancien oracle qui lui avait prédit :

« Un jour viendra, Atlas, où ton arbre sera dépouillé de son or, et c'est un fils de Jupiter qui aura la gloire d'emporter ce butin. »
(*Les Métamorphoses*, IV, 640.)

On remarquera, à ce stade du récit, que l'arbre est planté dans un jardin très protégé, comme l'Arbre de Vie de la Bible, qu'il est situé au Couchant, c'est-à-dire à la limite du monde des mortels et de celui des Immortels, enfin qu'il est d'origine divine et que ses fruits sont d'or, c'est-à-dire de la matière particulièrement précieuse dont sont faits les objets qui appartiennent aux dieux. Ces précisions nous incitent à imaginer que les pommes d'or possèdent des propriétés merveilleuses que pourrait acquérir celui qui les consomme. Et pourquoi pas celle qui semble la plus inaccessible aux hommes, car elle ne peut appartenir qu'aux dieux : l'immortalité !

Le mythe de la cueillette des pommes d'or du jardin des Hespérides par Héraclès s'inscrit dans le cycle des douze travaux qui lui furent imposés par son cousin Eurysthée, roi de Tirynthe et de Mycènes en Argolide. Il semble qu'Héraclès dût accomplir ces exploits en expiation du meurtre de ses propres enfants. L'oracle d'Apollon, à Delphes, lui avait en effet ordonné de se mettre au service de son cousin, lorsqu'il le consulta après ce meurtre. Apollon et Athéna ajoutèrent toutefois aux prescriptions de l'oracle que, pour prix de sa peine, il obtiendrait l'immortalité. Héraclès rencontra d'abord quelques difficultés pour savoir où se trouvait ce célèbre jardin et quelle était la meilleure route à suivre pour s'y rendre. Au terme de différentes péripéties, c'est finalement le dieu marin Nérée qui, sous la menace, lui donna les indications recherchées. Une des versions du mythe raconte qu'Héraclès passa par le Mont Caucase où il délivra Prométhée qui y était enchaîné sur ordre de Zeus pour avoir dérobé le feu aux dieux et l'avoir donné aux mortels. Celui-ci, qui avait le don de prophétie, lui apprit en remerciement qu'il ne devrait pas récolter lui-même les pommes du jardin des Hespérides, mais les faire cueillir par le Géant Atlas, condamné par Zeus à porter la voûte céleste sur ses épaules. Héraclès alla donc trouver ce dernier et lui offrit de le soulager en portant lui-même le ciel pendant qu'Atlas irait cueillir trois pommes d'or dans le jardin des Hespérides, tout proche. Atlas y consentit, mais lorsqu'il revint avec les pommes, il déclara à Héraclès qu'il irait les remettre lui-même à Eurystée pendant qu'Héraclès continuerait à porter le ciel. Ce dernier fit semblant d'y consentir, mais demanda toutefois à Atlas de le soulager un court instant, le temps de glisser un coussin sur ses épaules. Sans méfiance, Atlas accepta. Mais une fois libéré de son fardeau, Héraclès saisit les pommes qu'Atlas avait posées à terre, près de lui, et s'enfuit. Dans cette version, l'arbre aux pommes d'or ne semble pas avoir été protégé par un dragon et il n'est pas question de la lutte qu'aurait dû engager Héraclès contre lui. En revanche, selon d'autres relations de l'histoire, Héraclès n'eut pas à demander à Atlas de l'aider. C'est lui-même qui cueillit les pommes, après avoir tué le dragon. Les Hespérides, au désespoir d'avoir perdu les pommes dont elles avaient la garde, furent transformées en arbres : un ormeau, un peuplier et un saule, arbres fréquemment associés à la mort dans les mythes grecs. Quant au dragon, il fut transporté au ciel où il devint la constellation du Serpent. Une fois en possession de ses pommes, Héraclès s'en retourna les porter à Eurysthée, mais celui-ci ne sut qu'en faire et les lui rendit. Le héros les donna alors à Athéna qui les reporta au jardin des Hespérides, car, écrit Apollodore, elles ne pouvaient être ailleurs que dans ce jardin en vertu d'une loi divine. Ce mythe connut dans l'Antiquité une très grande célébrité. Il a notamment inspiré une des métopes du grand temple de Zeus à Olympie, l'un des principaux sanctuaires de la Grèce ancienne. Héraclès y est représenté, un coussin sur les épaules, soutenant le poids écrasant du ciel, devant Athéna qui le protège et face à Atlas qui lui apporte les pommes dont il vient de faire la cueillette. C'est peut-être aussi en souvenir de cet épisode de sa vie qu'Héraclès portait le surnom de *Mêlôn* et qu'on lui offrait des pommes dans la cité de Mélitè. C'est aussi en mémoire de ce mythe que, selon Athénée, l'on avait coutume à Lacédémone, lors de la fête des Théoxénia à laquelle étaient conviés les dieux, de déposer comme offrande en leur honneur des pommes parfumées, mais immangeables, que l'on appelait « pommes des Hespérides. » (*Banquet des sophistes*, 82. d.)

Atlas rapporte les pommes du jardin des Hespérides à Héraclès portant la voûte céleste. D'après un bas-relief du temple d'Olympie.

Il faut d'ailleurs remarquer qu'Héraclès ne consommera pas les pommes d'or et que ce n'est pas grâce à elles qu'il accédera à l'immortalité des dieux. Leur consommation aurait été insuffisante pour la lui procurer. Héraclès savait en effet qu'il lui faudrait encore affronter bien d'autres épreuves avant d'y parvenir ! Et, de fait, il ne sera admis parmi les Immortels qu'après avoir péri par le feu purificateur qui détruisit en lui les éléments mortels qu'il avait hérités de sa mère, la mortelle Alcmène.

Le mythe de la cueillette des pommes du jardin des Hespérides n'apparaît donc que comme un épisode de la quête de l'immortalité qui motive le héros dans son entreprise. À elles seules, les pommes sont insuffisantes pour conférer l'immortalité, mais leur cueillette n'en apparaît pas moins indispensable pour y parvenir.

On retrouvera curieusement certains des éléments du thème du jardin des Hespérides dans un poème épique irlandais consacré à la mort tragique des enfants de Tuireann, épisode qui s'intègre dans le cycle mythologique irlandais. Bien entendu, il n'y est pas question des exploits d'Héraclès mais de ceux des enfants de Tuireann qui ont tué Cian, et sont condamnés par le fils de celui-ci, Lugh, en rachat de leur forfait et pour avoir la vie sauve, à lui verser le « prix de compensation », soit :

« trois pommes, une peau de porc, une lance, deux chevaux, un char, sept porcs, un jeune chien, une broche à rôtir et trois cris sur la colline ».

Aux meurtriers qui déclarent trouver l'épreuve par trop facile, Lugh répond :

« Les trois pommes que je vous réclame sont les trois pommes du jardin des Hespérides, à l'est du monde. Il n'y a pas de pommes qui me satisfairont hormis celles-là, car ce sont les meilleurs en qualité et les plus belles du monde. Voici comment elles sont : "elles ont la couleur de l'or poli et la tête d'un enfant d'un mois n'est pas plus grande que chacune des pommes. Elles ont le goût du miel quand on en consomme ; elles ne laissent ni blessures sanglantes ni maladies malignes à ceux qui les consomment, elles ne diminuent pas quand on en consomme longtemps et toujours... Bien que vous soyez braves, ô trio de guerriers, je ne pense pas que vous ayez le pouvoir d'enlever ces pommes chez qui elles sont car il leur a été prédit que trois jeunes chevaliers viendraient de l'est de l'Europe pour les leur enlever par la force." »

Les trois fils de Tutreann parvinrent à dérober les pommes exigées par Lugh au roi qui les possédait et à échapper à ses filles, transformées en griffons qui les poursuivirent après leur larcin. Le récit décrit ensuite longuement comment les fils de Tuireann parviennent à réunir les différents éléments qui composent le prix de compensation mais se termine par leur mort, Lugh n'ayant finalement pas accepté de leur pardonner leur meurtre.

Cette légende offre de nombreux éléments comparables à ceux du mythe grec du vol des pommes du jardin des Hespérides par Héraclès. Les pommes, enjeu de l'exploit, ne peuvent être cueillies par les héros qu'au risque de leur vie, et par suite, l'opposition Vie/Mort est omniprésente dans les deux récits. Mais il y a une différence fondamentale entre le mythe grec et la légende irlandaise. Dans le premier, il s'agit d'une épreuve qui s'inscrit dans une série d'autres au terme de laquelle le héros, s'il triomphe de chacune d'elles, obtiendra l'immortalité en récompense, alors que dans le second, il est seulement question d'échapper à une condamnation à mort décidée par une cour royale, en accomplissant une succession d'exploits imposés. Vie éternelle ou simple survie ne sont évidemment pas des enjeux de niveau comparable !

D'autres légendes celtiques donnent à la pomme et au pommier un rôle en relation avec l'immortalité ou la mort. Dans certaines, la pomme apparaît comme l'instrument utilisé par les femmes du *sid*, c'est-à-dire de l'Autre Monde, pour entraîner les mortels dans le lieu de leur séjour. Conlé le rouge, par exemple, dans un récit irlandais, saisit une pomme que lui tend une fée ; cette pomme merveilleuse suffit à sa nourriture pendant un mois et ne diminue jamais, mais il se trouve alors contraint de suivre la fée et de s'embarquer dans une nacelle de cristal pour gagner une terre merveilleuse et disparaître à jamais… On retrouve le même thème du fruit enchanté dans le récit de la navigation de Bran, fils de Febal. Le héros qui se promène aux abords de son palais est endormi par une mystérieuse musique. À son réveil, il aperçoit une branche d'argent avec des feuilles blanches. Il la prend, mais sitôt rentré dans son palais, une femme lui apparaît, ainsi qu'à sa cour. Elle lui chante un long poème dont la première strophe lui révèle le sens de sa découverte :

> « C'est une branche du pommier d'Emain, que j'apporte, semblable à celle que l'on connaît, avec des rameaux de bel argent, des sourcils de verre avec des fleurs… »

La femme le quitte ensuite, emportant avec elle la branche de pommier mystérieuse.

> « La branche, dit le récit, avait sauté des mains de Bran jusque dans la main de la femme et la main de Bran n'eut pas la force de retenir la branche. Et Bran s'en alla le lendemain sur la mer »

poussé par la force irrésistible que lui a communiquée la branche du pommier d'Emain. Ce dernier mot désigne le lieu mythique, le plus souvent présenté comme une île, où résident les Bienheureux, les Immortels ou les Fées. Ceux qui l'habitent y jouissent d'une vie éternelle et d'un bonheur sans égal. Selon les légendes, il porte le nom d'Emain Ablach chez les Irlandais, d'Ynys Afallach chez les Gallois ou d'Avalon dans la tradition brittonique. Mais quel que soit le terme utilisé pour le nommer, celui-ci fait toujours référence à la pomme et au pommier (*aballo*) ; ce dernier est l'arbre symbolique de l'Autre Monde, la région mythique où prospèrent les pommiers, la « pommeraie ». Nous avons vu au chapitre 1 que les noms indo-européens de la pomme étaient basés sur le radical *Ab*, *Av* ou *Af*. Remarquons au passage que Geoffroy de Monmouth, au XIIᵉ siècle, emploie l'expression *Insula avallonis* dans son *Historia Regum Britanniae* et les mots *Insula pomorum* dans sa *Vita Merlini* pour désigner le même endroit merveilleux.

Le récit de la navigation de Bran cité plus haut fait d'Emain Ablach l'évocation suivante :

> « (9) On n'y connaît ni tristesse, ni trahison
> dans le pays bien connu du plaisir
> il n'y a aucune parole rude ou grossière,
> rien qu'une agréable musique qui frappe l'oreille.
> (10) Sans chagrin, sans deuil, sans mort,
> sans maladie, sans faiblesse,

c'est ce à quoi on reconnaît Emain
On ne cherche pas une merveille égale….
(43) Des arbres avec des fleurs et des fruits
sur lesquels s'étend le vrai parfum du vin,
des arbres sans ruine et sans défaut,
sur lesquels sont des feuilles de couleur d'or… »

C'est en Avalon, l'île des pommiers, qu'a choisi de séjourner la fée Morgane du cycle arthurien.

Elle est la fille d'Evallah (encore un mot qui fait référence à la pomme). C'est là que se réfugie le roi Arthur, blessé à la bataille de Camlam, d'où il reviendra pour délivrer les Bretons du joug étranger. Jean Wace, dans son *Roman de Brut*, écrit en 1155, l'affirme :

« En Avalon se fit porter,
pour ses blessures médiciner
Encore y est, Bretons l'attendent,
Rex Arturus, rex futurus. »

Parfois, c'est une forme bien particulière de l'immortalité que pourrait conférer la consommation de pommes. Ainsi, par exemple, dans la légende galloise de Sion Kent que mentionne Robert Graves dans *La Déesse blanche* ne pourrait-il s'agir que d'immortalité poétique. Cette légende raconte que le prince de l'Air veut enlever Kent, mais celui-ci ayant d'abord gagné la permission de grignoter une pomme, finit par se saisir de tout le pommier, sanctuaire d'où il ne peut être chassé. Puis,

« trop chargé de péchés pour le ciel, mais n'ayant cependant pas à craindre l'enfer, il se met à hanter la terre comme le frottement assourdi d'un balai. »

Ce qui signifierait, selon Robert Graves, qu'il s'était assuré ainsi l'immortalité poétique. (p. 286)

Dans un certain nombre de légendes celtiques, les pommes n'ont pas le pouvoir de conférer l'immortalité, mais leur consommation a pour première qualité d'apaiser la faim et la soif. En outre, elles ont l'exceptionnelle propriété de ne pas diminuer au fur et à mesure que les héros les mangent. Entièrement comestibles, elles sont pour eux une source inépuisable de nourriture qui les maintient en vie. Ainsi, par exemple, dans l'*Immram Mael Duin* ou « Navigation de Mael Duin », celui-ci et ses compagnons découvrent une île entourée de hautes falaises sur laquelle il y avait une grande forêt.

« Mael duin prit à la main une branche de cette forêt lorsqu'il passa près d'elle, cependant que le bateau faisait voile le long de la falaise. Le troisième jour, il trouva une grappe de trois pommes au bout de la branche. Chacune de ces pommes leur suffit pendant quarante nuits. »

Dans le *Livre de Fermoy* qui est aussi un récit de navigation dans l'Autre Monde, les pommes ont en outre des vertus thérapeutiques. Les héros de l'histoire abordent également dans

> « une île merveilleuse où il y avait une magnifique forêt de pommiers odorants. Une très belle rivière coulait au milieu de la forêt. Quand le vent agitait les cimes de la forêt, la musique qu'elles chantaient était plus mélodieuse que tout. Les Ui Corra mangèrent quelques-unes des pommes et burent un peu de la rivière de vin. Ils furent immédiatement rassasiés et ils ne sentirent plus ni blessure ni maladie. »

D'autres légendes, qui n'appartiennent pas aux Celtes, attribuent également un pouvoir merveilleux aux pommes, mais celles-ci n'y procurent pas davantage l'éternité. Leur pouvoir est en quelque sorte limité à donner une très longue jeunesse ou une très longue vie. Ainsi, par exemple, dans l'un des nombreux récits consacrés à la vie d'Alexandre le Grand, Gervasius raconte comment le roi de Macédoine, à la recherche de « l'Eau de Vie » dans l'Inde, découvrit des pommes qui prolongeaient la vie des prêtres de 400 années. De même, la pomme, dans les mythes de l'Europe du Nord, n'est pas un fruit d'éternité mais seulement un fruit dont la consommation a pour seul objet de régénérer les dieux, et dont ils ne peuvent être privés au risque de dépérir. La déesse Idunn y est présentée comme la gardienne des pommiers de jouvence dans son jardin d'Asgard, dont les fruits merveilleux ont le pouvoir d'empêcher tout vieillissement. Les dieux eux-mêmes qui les consomment en sont totalement dépendants car, lorsque dans certains récits, Idunn est enlevée et ne peut plus donner ses pommes aux dieux, ceux-ci « deviennent bientôt grisonnants et âgés ». Richard Wagner reprendra ce thème dans son opéra *L'Or du Rhin* où Wotan constate que les dieux qui l'entourent, devenus livides et vieillis, demeurent tous immobiles dans l'attente et l'angoisse, dès qu'ils ont été privés de pommes après le rapt par les Géants de la déesse Fraya (comparable à Idunn), ce qui provoque ces tristes commentaires de Loge :

> « Du fruit de Fraya, ce matin, nul n'a goûté. Les pommes d'or de son jardin vous donnent jeunesse et vigueur, chaque jour que vous en mangez. Celle qui prend soin du jardin est maintenant prisonnière ; aux branches le fruit dépérit et se flétrit ; bientôt, pourri, il va tomber... Pour vous, votre force entière était dans ce fruit... Sans ces pommes, vieux et sombres, gris et moroses, flétris, livrés à la raillerie du monde, les dieux verront s'éteindre leur vigueur... » (Scène 2.)

Sans croire pour autant que les pommes soient dotées de telles vertus, les Anglais n'en disent pas moins : « *An apple a day keeps the doctor away*», adage que l'on retrouve dans le dicton français: «Une pomme par jour éloigne le médecin».

Mais dans un certain nombre de récits, les pommes ne sont pas présentées comme un fruit qui assurerait l'immortalité ou une éternelle jeunesse ou seulement même une vie prolongée très longtemps. Elles peuvent par exemple n'évoquer que les âges de la vie, comme dans ce conte breton, cité par Paul Sebillot dans son *Folklore de France,* où un petit garçon qui va porter une lettre au Paradis, voit sur sa route trois pommiers dont l'un est chargé de belles pommes mûres, un autre de pommes à peine formées, et un troisième qui est couvert de fleurs. Le premier représente l'homme dans la force de l'âge, le second l'enfant qui vient de naître, le troisième, le germe dans le sein de sa mère.

Elles se trouvent très souvent aussi simplement associées à l'idée de la mort, sans évoquer aucun espoir particulier. Ainsi, par exemple, de nombreux tombeaux antiques sont fréquemment ornés de bas-reliefs qui représentent des corbeilles ou des guirlandes de fruits de forme ronde parmi lesquels on peut parfois identifier clairement des pommes.

On pourrait peut-être aussi percevoir une certaine relation entre le pommier et la mort dans cette tradition observée en Normandie de planter des pommiers dans les cimetières. Mais il est possible que cette pratique n'ait pas eu d'autre but que de fournir par la vente des pommes, des revenus à celui qui avait la charge d'entretenir l'église et l'enclos des morts qui l'entourait. À moins qu'il ne faille souscrire à la malicieuse explication que propose une vieille chanson normande:

«On plante de pommiers ès bords
Des cimetières près des morts,
C'est pour nous remettre en mémoire
Que ceux dont là gisent les corps
Comme nous ont aimé à boire...»

Il est vrai qu'en Normandie, la pomme, évidemment transformée en cidre, était aussi associée à l'ivresse. Quelques expressions populaires en témoignent comme «avoir reçu un coup de branche de pommier» pour «être ivre» ou encore «fêter Saint Aval» pour «s'enivrer». Mais la locution «être ivre mort» n'indique-t-elle pas explicitement qu'il peut y avoir une relation étroite entre l'excès de boisson et la mort?

Toujours en Normandie, on racontait cette histoire dans laquelle le pommier était substitué au mort. Quand un homme s'était donné au diable et qu'il venait à mourir, on ne trouvait plus son cadavre au moment de le mettre en bière. Le diable l'avait dérobé! On décidait alors de mettre dans le cercueil qui lui était destiné un tronc de pommier vert « pourri d'eau » pour le lester afin que les porteurs ne se doutent de rien et accomplissent leur tâche sans se poser de questions.

Mais la relation de la pomme ou du pommier avec la mort ne saurait se limiter à la seule province normande. On la trouve ailleurs, comme par exemple, en Bretagne, à Plougastel-Daoulas, où s'est perpétuée, en se modifiant quelque peu, cette curieuse tradition de « l'arbre à pommes » ou « arbre des trépassés » que rapporte Anatole Le Braz, dans sa *Légende de la mort chez les Bretons armoricains* :

> « Le soir de la Toussaint, après les Vêpres des Morts, les membres de chaque frairie se réunissent chez l'un d'eux… La table de la cuisine est garnie d'une nappe sur laquelle s'étale une large tourte de pain, fournie par le maître de la maison. Au milieu de la tourte est planté un petit arbre portant une pomme rouge à chacun de ses rameaux. Le tout est recouvert d'une serviette blanche. Lorsque la frairie est rassemblée autour de la table, le maître de maison, en qualité d'officiant, commence les prières des défunts, répondues par les assistants. Puis, les prières dites, il enlève la serviette, coupe la tourte de pain en autant de morceaux qu'il y a de membres dans la frairie, et met ces morceaux en vente… (aux enchères). L'argent ainsi récolté est consacré à faire dire des messes et des services pour les trépassés. Quant à l'arbre aux pommes rouges, symbole de la frairie, dont il porte du reste le nom, la personne chargée de fournir le pain l'année d'après le vient quérir en grande pompe, dès que la nuit est proche, et dispose à son gré des fruits dont il est paré, en attendant de les remplacer par d'autres. »

Au Pays de Galles et en Écosse, on observait autrefois cette pratique funéraire qui faisait également appel à la pomme : on y avait l'habitude quand un pauvre mourait, de mettre sur son corps une assiette pleine de sel dans lequel on enfonçait une bougie allumée pour éloigner les mauvais esprits ; on traçait parfois une croix sur le sel et on plaçait à chacune de ses extrémités un quartier de pomme ou d'orange.

À l'autre bout de la France, en Provence, la pomme était également associée à la mort dans des pratiques de magie noire, qui se rapprochent de celles de l'envoûtement. On raconte, en effet, que dans la région de Marseille, pour se débarrasser d'un ennemi, on prenait une pomme qui était censée représenter ce dernier ; on la garnissait d'épingles tout autour, comme une pelote ; et l'on croyait qu'autant de piqûres faites à la pomme, autant de blessures seraient faites au cœur de l'ennemi qui ne tarderait pas à succomber !

L'arbre des morts. Plougastel-Daoulas.

La pomme dont la consommation peut provoquer la mort joue un rôle important dans l'histoire merveilleuse de Blanche-Neige et des sept nains, qui est probablement l'un des contes les plus connus des frères Grimm. Le succès remporté par le film qu'en tira Walt Disney en 1937 contribua sans nul doute à en amplifier la notoriété. On sait que la pomme y joue un rôle essentiel. Rappelons brièvement dans quelles circonstances, selon la version recueillie par les frères Grimm. Le conte est celui de l'aventure tragique d'une reine rendue folle de jalousie lorsque le miroir magique qu'elle questionne régulièrement pour savoir si elle est la plus belle femme du royaume, lui répond un jour que Blanche-Neige, la fille que son époux a eue d'un premier mariage, lui a ravi la première place et qu'elle est mille fois plus belle qu'elle. Ayant décidé de la supprimer pour être à nouveau la plus belle du royaume, elle essaie de la faire tuer par un de ses chasseurs, mais celui-ci, pris de pitié, l'abandonne dans une forêt où elle est recueillie par un groupe de nains. La reine, apprenant par son miroir que sa belle fille n'est pas morte, essaie alors de la tuer elle-même, d'abord en tentant de l'étrangler avec un lacet, puis ayant échoué, de l'empoisonner avec un peigne enduit d'une mixture mortelle. Cette nouvelle tentative n'ayant pas davantage réussi, la reine entreprend alors de

> « confectionner un terrible poison avec lequel elle fait une pomme empoisonnée. Extérieurement, elle était très belle, bien blanche avec des joues rouges et si appétissante que nul ne pouvait la voir sans en avoir envie ; mais une seule bouchée, et c'était la mort. »

La reine se déguise alors en paysanne et s'en va proposer sa pomme, mêlée à d'autres à Blanche-Neige qui est réfugiée chez ses amis les nains. Comme celle-ci hésite à l'accepter :

> « "Aurais-tu peur du poison ? dit la paysanne. Regarde : je coupe la pomme en deux ; la moitié rouge, c'est pour toi, et la blanche, je la mange, moi." Parce que la pomme avait été faite si astucieusement que la moitié rouge était seule empoisonnée. Blanche-Neige avait grande envie de cette belle pomme, et quand elle vit la paysanne croquer à belles dents dans sa moitié de pomme, elle ne put pas résister et tendit le bras pour saisir l'autre moitié. Mais, à peine la première bouchée fut-elle dans sa bouche qu'elle tomba morte sur le plancher. »

Les nains la déposèrent dans un cercueil de verre, qu'ils placèrent en haut d'une montagne. Un prince vint à passer par là. Touché par la beauté de la jeune morte, il demanda aux nains de lui confier le cercueil. Ceux-ci acceptèrent, mais les serviteurs du prince trébuchèrent contre une racine en le portant et la secousse fit rendre à Blanche-Neige le morceau de pomme qui lui était resté dans le gosier. Elle se réveilla alors de sa torpeur et épousa plus tard le beau prince tandis que la reine, invitée à la noce, fut condamnée à chausser des escarpins de fer rougi au feu et à danser jusqu'à ce que mort s'en suive…

Ce conte suggère quelques-unes des associations symboliques avec la pomme. Si la relation de ce fruit avec la mort y est bien mise en évidence, d'autres thèmes symboliques y sont aussi implicitement évoqués. Ainsi, l'opposition des deux couleurs du fruit, moitié rouge et moitié blanc traduit une opposition vie/mort. Le rouge qui a une signification symbolique ambivalente, est ici pris en mauvaise part : c'est la couleur du sang et de la mort. Aussi est-ce cette partie et non la moitié blanche qui est mortelle. Au même titre que le fer rouge des souliers de la reine qui provoqueront sa mort. Par ailleurs, le conte rappelle que la pomme est aussi le fruit de la tentation et le rôle de la reine déguisée en paysanne évoque celui du serpent au jardin d'Éden. Blanche-Neige, comme Ève, ne saura résister à l'attrait du fruit.

La sorcière de Blanche-Neige.

L'histoire met également en rapport la pomme avec la beauté, comme dans le mythe du jugement de Pâris que nous relaterons au chapitre suivant. C'est bien en effet une sorte de concours de beauté que relate ce conte et c'est par la consommation d'un fragment de pomme qui provoque la mort d'une des deux rivales que le jugement est rendu. Enfin la pomme y est également mise en relation avec l'amour, car le morceau de pomme mortel, une fois recraché par Blanche-Neige ne saurait plus constituer un obstacle à l'amour qu'elle va éprouver pour le prince qui l'aime déjà…

Peut-être cette relation de la pomme avec la mort se retrouve-t-elle aussi dans certaines pratiques de la médecine populaire ou plutôt magique des campagnes françaises qui avaient encore cours au XIXe siècle. Dans certaines régions, on utilisait en effet la pomme pour éliminer différentes excroissances de chair considérées comme parasitaires, en particulier les verrues et les hémorroïdes, vraisemblablement en application de l'idée que la pomme fruit de mort apporterait la mort à ce qui serait mis en contact avec elle. On pensait, en effet qu'il devait y avoir, après contact, évolution parallèle de l'état de la pomme et de celui de l'excroissance. Quand la pomme était entièrement pourrie, ou quand la chair de la pomme avait été entièrement absorbée par le mal, celui-ci était censé avoir disparu. E. Rolland en rapporte plusieurs exemples dans sa *Flore populaire*. Ainsi, celui-ci relevé dans les Deux-Sèvres :

« Pour faire passer les *fis* (hémorroïdes), on coupe une pomme en quartiers de roi ; puis on fait saigner les *fis,* on met le sang dans l'intérieur de la pomme, on la referme, et on la met en terre ; quand la pomme sera pourrie, les fis seront partis. »

Ou encore cet autre pratique observée notammant en Provence :

« Pour faire tomber les verrues, prendre une pomme *Vauriasso* (à Villeneuve), une pomme *Cabus* (dans la Lozère), les couper au milieu, frotter les deux moitiés avec du sel fin, les passer souvent sur les verrues et quand il ne reste que la peau de la pomme, l'enfouir dans la terre. Alors les verrues tombent ».

On évite toujours soigneusement la transmission possible du mal en enterrant la pomme qui est supposée chargée de ce dernier.

Une autre croyance, également répandue dans les campagnes et rapportée par E. Rolland, concerne l'interdiction de la consommation des pommes à certaines dates de l'année comme Noël et le Vendredi saint. Celui qui passait outre à cet interdit était condamné à avoir des clous toute l'année. Cette croyance rappelle indirectement que la pomme est associée à la mort. En effet, l'interdit de la consommation des pommes porte sur deux jours qui ont une importance majeure dans la civilisation chrétienne : celui de la naissance et celui de la mort du Christ. La consommation de pommes à ces deux dates aura pour conséquences de provoquer des éruptions de clous qui seront, pour le coupable de cette transgression, un rappel symbolique, par homonymie, des clous qui fixaient le Christ sur sa croix le jour de sa mort.

Les différents mythes et légendes auxquels nous avons fait référence tout au long de ce chapitre montrent que d'une époque à l'autre ou d'un peuple à l'autre, la pomme apparaît tantôt comme symbole d'immortalité, tantôt comme symbole de mort, tantôt, et dans une même civilisation, comme symbole de l'une et de l'autre, selon le contexte dans lequel elle est mise en œuvre ou seulement évoquée. Mais dans ce dernier cas, cette ambivalence n'est peut-être qu'apparente. En effet, de nombreuses croyances ne suggèrent-elles pas qu'il faut passer par la mort pour acquérir l'immortalité ?

3 - La pomme, symbole du pouvoir

Vouloir, par la Connaissance absolue, se hisser au niveau des dieux et devenir leur égal, c'est vouloir acquérir ce qui les différencie des simples mortels : tout d'abord, nous l'avons vu, l'immortalité, mais aussi le pouvoir absolu et universel sur toute la création. La pomme s'est trouvée appelée relativement tardivement à symboliser cette faculté tant désirée et tant recherchée.

Le point de départ de cette association est la longue et complexe histoire d'Énée, fils de la déesse Aphrodite (Vénus chez les Romains) et d'Anchise, descendant de Tros, le fondateur de Troie. De nombreuses versions relatent ses aventures mythiques. Nous nous limiterons à rappeler qu'après le siège de Troie et la prise de la ville par les Grecs, Énée s'enfuit de celle-ci avec son père, sa femme, son fils Ascagne (appelé aussi *Iulus*) et les dieux Pénates. Il entreprit alors un long voyage, à la recherche d'une terre sur laquelle fonder une nouvelle patrie, dont les principales étapes sont relatées par Virgile dans son célèbre poème de l'Énéide. Après avoir fait une longue escale chez Didon, la reine de Carthage, consulté la Sibylle de Cumes et parcouru les Enfers, il parvint à l'embouchure du Tibre, remonta le fleuve et s'établit dans le Latium dont il épousa la fille du roi. Après sa mort, son fils Ascagne fondera la ville d'Albe, et c'est un de ses descendants, Romulus, qui fondera celle de Rome. Celle-ci aura donc Vénus comme déesse protectrice en souvenir d'Énée, dont elle est la mère. Par ailleurs, la famille romaine des *Iulii* revendiquera Ascagne — qui est souvent appelé *Iulus* — comme son ancêtre. Par lui, elle pouvait donc prétendre descendre d'Aphrodite (Vénus). Or la pomme est un fruit qui est fréquemment associé à Aphrodite pour diverses raisons que nous examinerons plus loin. C'est à cette ancienne et puissante famille qu'appartenaient Jules César, et, par adoption, Auguste, le fondateur de l'empire romain. On comprend dès lors pourquoi on trouvera par la suite la présence d'une pomme dans certaines représentations des empereurs romains. Ce fruit pouvait vouloir rappeler leur lointaine filiation avec Vénus, ou bien encore la protection que la déesse accordait à la ville de Rome depuis son origine, et par suite à l'empire romain.

Toutefois, c'est plus souvent un globe et non une pomme que les empereurs tiennent dans leur main pour symboliser le pou-

L'empereur Charlemagne tenant le globe. D'après une miniature des registres de l'Université de Paris.

L'enfant Jésus tenant une pomme, près de saint Joseph. D'après une gravure du XVe siècle.

voir qu'ils détiennent. Mais il y a une relation étroite entre la pomme et le globe. En effet, la pomme, par sa forme et par son volume, appartient à la très riche symbolique du cercle et de la sphère qui paraissent avoir représenté depuis la haute antiquité à la fois la perfection et la totalité. C'est pourquoi, dans les représentations des dieux, des rois, des empereurs ou des pontifes, le globe porté dans une de leurs mains revêt une double signification. Il fait à la fois référence à la totalité géographique du domaine ou du territoire sur lequel s'exerce leur autorité et à la totalité juridique du pouvoir absolu qu'ils détiennent.

Ce globe apparaît parfois surmonté d'un phénix, d'un aigle, d'une colombe ou d'une victoire ailée, dont le but est généralement de renforcer sa signification symbolique. Il fut adopté comme signe de leur souveraineté par les empereurs romains. Quant au globe crucifère, il ne fera son apparition qu'à la suite de la conversion de l'empereur Constantin au christianisme (en 337). À sa suite, il sera adopté par les empereurs byzantins et ceux du Saint Empire romain germanique. À Byzance, la grande statue équestre de Justinien représentait l'empereur tenant dans sa main gauche un globe de cuivre doré surmonté d'une croix sur lequel étaient gravés ces mots :

« Je possède le monde aussi longtemps que je tiens cette boule dans ma main. »

Jean de Hildersheim précise qu'il s'agit d'une pomme dans sa description de la statue : *habet pomum aureum rotundum more imperiali in sinistra*, (il tient dans la main gauche une pomme en or de forme ronde, selon l'usage impérial) et Marco Polo note que le peuple l'appelait « la pomme rouge ». Cet usage impérial sera confirmé par la suite. C'est le 14 février 1014 que le pape Benoît VIII remit solennellement à l'empereur Henri II, comme symbole de son pouvoir sur le Saint Empire romain germanique et pour la première fois en Occident, un globe d'or recouvert de pierres précieuses et surmonté d'une croix qu'il avait spécialement fait fabriquer à cet effet. La relation entre la pomme et ce globe crucifère, se traduira d'ailleurs clairement dans l'expression allemande qui sera utilisée par la suite pour le désigner : *der Reichsapfel*, c'est-à-dire, la pomme impériale.

Cette courte scène de la Chanson de Roland évoque aussi la pomme comme symbole du pouvoir des souverains :

« Hier matin, l'empereur était assis à l'ombre ;
vint son neveu qui avait revêtu sa brogne
et fait du butin auprès de Carcasoine ;
en sa main, il tenait une pomme vermeille :

Tenez, beau sire, dit Roland à son oncle,
je vous donne en présent les couronnes de tous les rois ! »
(XXIX, v. 383-388.)

On remarquera que la couleur pourpre ou rouge est associée à la pomme. Elle vient ici renforcer son sens symbolique. En effet, le rouge est la couleur du pouvoir suprême. À Rome, elle était la couleur des généraux, de la noblesse, des patriciens. Elle devint par la suite celle des empereurs. Elle fut également adoptée plus tard par les souverains byzantins.

Chez les Celtes, la pomme, ou trois pommes suspendues à une branche ou à une baguette, apparaît aussi comme un insigne de la majesté royale. Elle est mentionnée, par exemple, en ce sens dans *Les récits de Conchobar, fils de Ness* :

« Il y avait une baguette en argent portant trois pommes d'or au-dessus de Conchobar pour l'instruction de la foule, et quand il frappait ou quand il élevait lui-même la voix, la foule se taisait. »

L'enfant Jésus tenant un globe crucifère. D'après un bois gravé de Lucas Cranach, 1513.

Dans la mesure où la pomme symbolise le pouvoir absolu, la domination sans partage sur toute chose, celle-ci pourra dans certains cas être utilisée pour commander aux éléments et aux puissances cachées que l'homme, par ses seules forces, ne peut maîtriser et face auxquelles il se sent totalement impuissant. Nous avons vu plus haut comment on pouvait l'utiliser pour provoquer la mort de son ennemi, nous verrons au chapitre suivant comment on l'employait aussi pour deviner l'avenir, notamment dans le vaste domaine des relations amoureuses. Dans un ordre d'idées différent, c'est probablement à cette croyance qu'il faut rattacher, par exemple, une incantation versifiée que l'on récitait en Bretagne pour calmer le vent et apaiser la tempête en contemplant deux pommes dans une boite que l'on se passait ensuite de mains en mains.

La célèbre légende de Guillaume Tell peut sans doute être rappelée ici, car la pomme y joue un rôle important. Parmi les différents symboles qu'elle peut évoquer dans le contexte de cette histoire, comme celui de la mort opposée à la vie, on peut reconnaître celui du pouvoir absolu en opposition à la liberté. Sans doute ces symboles n'apparaissent-ils pas expressément, mais ils n'en sont pas moins, nous semble-t-il, discrètement suggérés. C'est la Suisse qui a fait de Guillaume un héros national, mais il est possible que cette légende soit née en Norvège au Xe siècle et l'on retrouve le thème de l'arc et de la pomme dans les *Gesta Danorum*, rédigés au XIIe-XIIIe siècle par Saxo Grammaticus. On sait que Guillaume est un archer renommé qui avait refusé de saluer le chapeau placé en haut d'un mât érigé par le bailli Gessler et qui était considéré comme l'emblème de l'autorité de l'empereur. Pour cet acte d'insubordination, il fut condamné par le bailli à percer d'une flèche une pomme placée sur la tête de son fils situé à distance. Ayant réussi cette épreuve, il fut convaincu d'avoir caché sur lui une seconde flèche, destinée à tuer Gessler au cas il aurait manqué la pomme et atteint son fils. Emprisonné, il parvint à s'échapper et finalement à tuer le bailli. Cette histoire purement légendaire fut accréditée dans la population des cantons suisses soumis à l'autorité de l'empereur et aurait été le début d'un soulèvement général contre lui. La pomme, indispensable à l'épreuve imposée à Guillaume Tell, assume, de ce fait, à elle seule, une fonction propre dans la légende dont elle est indissociable. La postérité a d'ailleurs si bien perçu son importance que, dans la mémoire collective, le mot pomme répond comme en écho à celui de Guillaume Tell. Cette légende peut toutefois se prêter à différentes lectures dont certaines sont directement suscitées par la présence insis-

Guillaume Tell. Chronique d'Etterlin, 1507.

tante de la pomme et des symboles qu'elle suggère, comme la mort ou le pouvoir. Ceux-ci apparaissent plus ou moins explicitement dans les différentes situations dramatiques du récit. Si l'opposition de la vie à la mort est clairement mise en scène, il n'en est pas de même pour celle de l'autorité face à la liberté. La première est évidente, car elle est au centre de l'histoire : selon qu'il réussira ou non à transpercer la pomme avec sa flèche, Guillaume aura la vie sauve ou sera condamné à mort. La pomme manquée, donc épargnée mène à la mort, alors que la pomme transpercée conduit à la vie sauve, comme si elle se substituait symboliquement à celui dont la vie est en jeu... En revanche, l'opposition entre la liberté et le pouvoir absolu est moins visible. On ne la décèle que si l'on veut bien voir dans la pomme posée sur la tête du fils de Guillaume Tell une référence à la *Reichsapfel,* le symbole de l'autorité impériale. Si cette interprétation peut être retenue comme une hypothèse recevable, la chute de la pomme pourrait alors être considérée ici comme le symbole du renversement de l'autorité impériale qui conduira à l'indépendance et à la liberté des cantons suisses.

4 - *La pomme, symbole de la richesse*

Être l'égal des dieux, ce n'est pas seulement être immortel et détenir l'autorité absolue sur tout être et tout bien, c'est aussi pouvoir disposer de toutes les richesses du monde. Les posséder, non pas seulement pour être enfin et définitivement à l'abri des aléas d'une vie supposée sans terme, mais aussi et surtout pour en jouir sans aucune retenue, sans aucune limite et sans craindre d'avoir à affronter quelque adversaire ou quelque danger que ce soit pour les conserver. La recherche de cette possession illimitée des richesses du monde est sans aucun doute à la source de bien des actions humaines. Or, paradoxalement, c'est très souvent l'image de la pomme qui a été utilisée pour les symboliser. Ce choix peut paraître d'autant plus surprenant qu'elle n'est pas un fruit particulièrement rare et que par suite son prix n'est généralement pas élevé. Certaines expressions courantes incitent même à penser

Figure de Pan, ou Priape.

qu'elle symbolise ce qui est de petite taille ou ce qui a peu de valeur, comme nous l'avons signalé au chapitre I.

C'est peut-être encore aux Grecs que nous devons cette relation de la pomme avec la richesse dans la mesure où ils ont établi une relation forte entre ce fruit et l'or comme, par exemple, à l'occasion de la description des pommes du jardin des Hespérides. Ils ont en effet utilisé le qualificatif *chruseos* ou *pagchruseos* pour préciser leur caractéristique essentielle. La traduction de cet adjectif est délicate car il peut signifier que les pommes sont effectivement en or, ou bien qu'elles ont l'apparence de l'or ou encore qu'elles sont de grande valeur comme l'or. Cette difficulté à rendre le sens de ce mot pose problème pour qualifier les pommes des Hespérides. En toute hypothèse, elles sont particulièrement précieuses, car elles sont un don de la déesse Hera, l'épouse de Zeus, le maître de l'Olympe. Mais s'agissait-il de pommes en or ou de pommes qui, par leur couleur, évoquaient seulement l'or ? La première acception est parfaitement acceptable dans la mesure où le jardin des Hespérides se situe dans un univers mythique : les pommes peuvent sans inconvénient y être effectivement en or. Ne sont-elles pas à l'origine la propriété de la déesse Héra et gardées par des jeunes filles dont la fonction est comparable à celle des desservantes d'un sanctuaire. En revanche, si l'on retient le second sens, on se trouve confronté au problème de leur identification botanique. En effet l'expression *chrusomêlon* désigne le coing qui est un fruit de forme ronde (*mêlon*) et de la couleur de l'or *(chruseos)* et par suite, on serait très tenté d'en déduire que les pommes du jardin des Hespérides n'étaient pas des pommes mais des fruits du cognassier ! La postérité a toutefois tranché : ce sont des pommes que gardent les Hespérides dans leur jardin.

L'association de la pomme à l'or (ou à l'apparence de l'or) considéré lui-même comme le métal le plus précieux qui soit, a eu pour conséquence de faire de ce modeste fruit l'un des symboles de la richesse les plus courants. Sa forme qui peut, par référence à la sphère, symboliser à la fois la perfection et la totalité, jointe à cette couleur privilégiée qui frappa tant l'imagination, l'autorisèrent à occuper une place de choix parmi les fruits qui étaient censés appartenir au monde mythique des dieux. C'est ainsi qu'on la trouve en association avec plusieurs divinités dans la mythologie grecque, comme Aphrodite, Éros, Dionysos, Apollon, Déméter, Priape, et bien entendu Héraclès. Nous nous limiterons à en donner quelques exemples. Ainsi, la présence de la pomme est signalée à Delphes, l'un des principaux sanctuaires d'Apollon. Il existait en effet une variété de pommes qui étaient appelées « pommes de

Delphes », selon Athénée (III, 80) et Lucien de Samosate (*Anacharsis*, 9) rapporte que l'on décernait une couronne de pommes aux vainqueurs des concours organisés aux jeux pythiques célébrés à Delphes en l'honneur d'Apollon. Cette pratique fut cependant abandonnée lors de la grande réorganisation des jeux en 582 avant J.-C., qui substitua le laurier aux pommes. Certains ont déduit que les pommes étaient un des attributs d'Apollon, le dieu de la lumière, parce que celles-ci étaient un symbole solaire, mais cette hypothèse nous paraît fragile. Il semble en revanche plus vraisemblable que le pommier ou une pomme d'or, aient pu être perçus comme des personnifications du soleil, dispensateur de toutes richesses dans les pays de l'Europe du nord, comme en témoignent certaines de leurs légendes.

On rencontre toutefois plus fréquemment l'association de la pomme aux divinités invoquées pour obtenir la fertilité de la terre et d'abondantes récoltes, comme Déméter la déesse grecque de l'agriculture ou Cérès, son homologue romaine. La présence du pommier est attestée dans certains bois sacrés de la déesse. Callimaque l'indique dans son *Hymne à Déméter* :

« Les Pélages, écrit-il, avaient consacré à Déméter un beau bois de haute futaie… les pins, les grands ormes, les poiriers, les beaux pommiers s'y pressaient… » (v. 26 sq.)

Priape, avec raisins et pommes. D'après une sculpture conservée au Vatican.

Toutefois, les hellénistes ne sont pas d'accord entre eux pour savoir s'il convient ou non de considérer la pomme comme un fruit de Déméter. En effet, cette déesse porte dans quelques textes l'épithète de *mêlophoros,* ce qui peut signifier aussi bien « celle qui porte des pommes » que « celle qui porte des moutons », le mot *mêlos* désignant à la fois la pomme et le petit bétail (mouton, chèvre, brebis…). La question demeure posée. Il est en revanche probable que les pommes devaient figurer parmi les autres fruits déposés en offrande dans ses sanctuaires, de même qu'elles devaient être offertes à Priape, divinité ithyphallique, préposée à la garde des vignes et des vergers, comme aussi, probablement aux autres divinités de la fécondité et de la fertilité.

Dans le mythe de Tantale, les pommes sont expressément citées avec l'eau et quelques autres fruits pour symboliser ce qu'il y a de plus précieux au monde pour un homme réduit à un état de dénuement total. En effet, Tantale avait été condamné par Zeus à séjourner aux Enfers et à y subir un supplice resté célèbre pour un forfait sur la nature duquel les mythographes anciens ne sont pas d'accord : s'agissait-il du vol du nectar et de l'ambroisie exclusivement réservés aux dieux, du meurtre de son fils ou de la révé-

Corne d'abondance et caducée, d'après une gravure du XVIIᵉ siècle.

lation aux hommes de secrets divins ? On ne sait. L'*Odyssée* rapporte la vision qu'en a eu Ulysse lors de sa descente aux Enfers :

« Je vis aussi Tantale, en proie à ses tourments. Il était dans un lac, debout, et l'eau montait à lui toucher le menton ; mais toujours assoiffé, il ne pouvait rien boire ; chaque fois que, penché, le vieillard espérait déjà prendre l'eau, il voyait disparaître en un gouffre le lac et paraître à ses pieds le sol noir de limon, desséché par un dieu. Des arbres à panache au-dessus de sa tête, poiriers et grenadiers et pommiers aux fruits splendides (ou brillants ?) et puissants oliviers et figuiers doux laissaient pendre leurs fruits ; à peine le vieillard faisait-il un effort pour y porter la main : le vent les emportait jusqu'aux sombres nuées. »

(*Odyssée*, X. 582-592.)

On a parfois rapproché cette scène de celle qui suit la tentation du Christ au désert, mais avec une signification toute autre et un niveau spirituel sans comparaison. Les Évangiles indiquent qu'après cette épreuve, « des anges s'approchèrent et ils le servirent ». Cette brève indication a inspiré certains artistes religieux, en particulier des peintres baroques italiens, et ils l'ont interprétée en représentant les anges avec des corbeilles chargées de fruits parmi lesquels on devine des pommes, voulant sans doute évoquer par là l'opposition entre l'aridité du désert, qui symbolise le péché et la mort, et l'abondance des fruits qui peut évoquer aussi bien la richesse du Paradis, le bonheur du salut, l'immortalité ou la profusion gratuite des dons de Dieu. Cette corbeille de fruits est comparable à une corne d'abondance à laquelle elle emprunte une partie de sa riche symbolique.

Le thème très répandu des cornes d'abondance dans les arts plastiques évoque évidemment la richesse, comme son nom même le suggère et son origine mythique le justifie. Or, la pomme participe explicitement à ce symbole dans la mesure où elle est constamment représentée parmi les différentes espèces de fruits qui s'échappent généreusement de ces cornes. Leur origine remonte aux mythes de l'enfance de Zeus qui racontent que le jeune dieu brisa en jouant une corne de la chèvre qui l'avait nourri pendant sa petite enfance et qu'il en fit présent à sa nourrice Amalthée en lui promettant que cette corne se remplirait miraculeusement à l'avenir de toutes les fleurs et de tous les fruits qu'elle désirerait. C'est pourquoi on lui donna par la suite le nom de corne d'abondance. Elle accompagne souvent les représentations de Cérès en tant que déesse de l'agriculture et de la fécondité ainsi que celles de la Fortune.

On peut sans doute déceler encore le lien entre la pomme et la richesse dans certaines traditions populaires qui mettent en relation la pomme et la fertilité, comme par exemple cette pratique relevée dans différentes régions françaises, et notamment dans les Alpes de Haute-Provence. On rapporte qu'autrefois, il était conseillé, la veille du jour des Rois, d'aller se promener sous les pommiers, ce qui avait pour effet, croyait-on, d'éloigner le mauvais sort et d'assurer une bonne récolte à celui qui suivait cette recommandation. Parfois, on pensait voir dans la forme des pépins d'une pomme utilisés comme instrument de divination, quelle serait l'importance de la future récolte. En Haute-Bretagne, par exemple, on croyait que si les pépins étaient droits, il y aurait abondance de pommes, si au contraire, ils étaient inclinés vers le centre du fruit, il y aurait disette et que si, par malheur, ils présentaient des taches, la disette durerait sept ans… De même, on retrouve indirectement ce lien entre la pomme et la richesse, dans une vieille expression aujourd'hui tombée en désuétude mais qui avait cours au Moyen Âge. On jurait « por tot l'or d'Avallon » pour souligner une volonté énergique de refus. L'or d'Avallon, l'île des pommes située dans l'Autre Monde, évoquait alors en effet l'idée d'une richesse prodigieuse en échange de laquelle on ne saurait cependant accepter de subir une humiliation ou de commettre une indignité. C'était dire l'importance du renoncement !

C'est aussi pour symboliser la richesse que l'expression « *The big Apple* », la Grosse Pomme, a été retenue pour désigner la ville de New-York. On ne devrait cette curieuse appellation, ni à la topographie de la ville, ni à la forme que dessinent ses limites, ni à l'importance des transactions des milieux financiers de Wall Street, mais aux groupes de musiciens Noirs de jazz des années 30. Ceux-ci représentaient, dit-on, leur itinéraire de tournée sous la forme d'un pommier. Chaque ville y était représentée par une pomme, dont la plus grosse était dorée et désignait New-York. Cette expression fit, si l'on peut dire, si bien fortune que, dans les années 70, le *New-York Conventions and Visitors Bureau* adopta ce logo pour promouvoir la ville et y attirer les touristes et les hommes d'affaires.

Il convient peut-être de mentionner ici une autre histoire, plus proche de nous, qui concerne également la pomme comme symbole de prospérité. Chacun se souvient sans doute de la dernière campagne pour l'élection du Président de la République Française et du choix qu'avait fait Jacques Chirac de placer la sienne « sous le signe du pommier », pour reprendre l'expression de certains journalistes. Ce choix lui aurait été inspiré, dit-on, par l'éditeur de son ouvrage : *La France pour tous*. Le logo de l'arbre chargé de pommes pouvait en effet fort bien suggérer à la fois l'image d'une France prospère et l'idée que les fruits de la croissance pourraient

La Charité. D'après Giotto, chapelle des Scrovegni à Padoue.

être mis à la portée de tous. La référence au pommier et à la pomme en tant que symboles éprouvés de la richesse et de l'abondance se révéla un choix judicieux pour illustrer de façon simple et parlante aussi bien le contenu du livre que, par la suite, un des thèmes majeurs du programme du futur Président.

Toutefois, dans un certain nombre de cas, la pomme ne symbolise pas seulement la richesse, mais par extension, l'usage qui peut en être fait. On admet en effet assez généralement que la possession des biens ne peut être une fin en soi et il est vrai que le possédant se trouve confronté au problème de l'utilisation qu'il compte faire des fortunes accumulées entre ses mains. Certains, par exemple, inspirés par la Charité, s'estimant comblés par les biens dont il peuvent disposer à leur guise, sont animés par le désir d'en faire profiter les autres, voire de les partager. D'autres au contraire, tenaillés par l'Avarice, s'absorbent dans la contemplation de leurs trésors et semblent préoccupés par l'inquiétude de les perdre ou tourmentés par le souci de les conserver. On ne peut dire que la pomme ait été appelée à symboliser à elle seule chacune de ces deux attitudes, mais elle accompagne parfois les attributs les plus courants de la Charité et de l'Avarice auprès desquelles elle représente les biens appelés à être donnés ou bien jalousement gardés.

Si la Charité est le plus souvent représentée allégoriquement par une femme qui allaite des enfants ou leur donne à manger, il arrive parfois qu'elle soit figurée avec une corbeille remplie de fruits parmi lesquels on distingue généralement des pommes. Et si celles-ci n'y occupent pas une place privilégiée par rapport aux autres, elles participent néanmoins à leur côté, au symbole général de la corbeille de fruits qui est comparable à celui de la coupe ou de la corne d'abondance, rappelés plus haut. Mais le fait que ce soit la Charité personnifiée qui porte elle-même la corbeille apporte une nuance particulière à ce symbole. Elle confère en effet à l'ensemble des fruits — dont les pommes — le statut d'attributs de la Charité dans la mesure où ils symbolisent les biens appelés à être distribués. Ce thème a été exprimé dans plusieurs œuvres d'art comme, par exemple, dans la célèbre fresque que Giotto a consacré à la Charité dans la chapelle des Scrovegni à Padoue. On trouve également des pommes dans le tableau que Lucas Cranach a consacré, lui aussi, à la Charité. Elle y est représentée par une femme assise entourée d'enfants et si les pommes ne sont pas dessinées dans une corbeille parmi d'autres fruits, c'est peut-être parce que le peintre a voulu les mettre en valeur. Il semble en effet avoir souhaité souligner leur présence en en figurant trois qui pendent d'une branche au-dessus de la tête de la Charité, dont l'un des seins nus, qui rappelle d'ailleurs la forme d'une pomme, est donné à téter à l'un des trois enfants qui l'entourent.

À l'inverse, la pomme est quelquefois utilisée pour accompagner certains des symboles de l'Avarice. Ainsi, la trouve-t-on, par exemple, représentée en compagnie des Harpies qui, dans la mythologie gréco-romaine, sont des monstres à tête de femme avec des ailes et des serres d'oiseau de proie. L'étymologie de leur nom rappelle que ce sont des ravisseuses. Elles ont d'ailleurs la réputation d'opérer des rapts d'enfants et de voler les âmes. Par extension, on leur attribua le rôle de tourmenter les avares. On devine sans peine leur nom dans celui d'Harpagon, et c'est tout naturellement que l'on imagina de placer des boules ou des pommes entre leurs serres pour symboliser le trésor qu'elles ont dérobé à l'avare. Peut-être parce que la pomme, par sa forme ronde, évoque assez bien la bourse de ce dernier, ou encore parce que les pommes amassées en tas peuvent éveiller l'image de l'accumulation des richesses ?

La course d'Atalante et d'Hippoménès. D'après Guido Reni.

Le désir insatiable de leur possession serait, selon certains, au cœur du mythe d'Atalante et d'Hippoménès, dans lequel la pomme joue un rôle important. L'histoire raconte qu'Atalante était une princesse que son père abandonna car il ne voulait avoir que des garçons. Recueillie par des chasseurs, elle fut élevée par eux. Lorsqu'elle fut adolescente, elle passa son temps à chasser dans les bois et décida de rester vierge, peut-être en l'honneur de la déesse Artémis ou bien parce qu'un oracle lui avait prédit qu'elle serait transformée en animal si elle se mariait. Exceptionnellement douée pour les exercices sportifs, elle devint en particulier imbattable à la course à pied, et elle utilisa cet avantage pour écarter les nombreux prétendants qui désiraient l'épouser. Elle leur avait en effet annoncé qu'elle n'épouserait que l'homme capable de la vaincre à la course, mais que s'ils perdaient l'épreuve, ils seraient mis à mort. Atalante demeura invaincue et vierge jusqu'à ce qu'un jeune homme, nommé Hippoménès relevât le défi. Il avait apporté avec lui trois pommes d'or que lui avait données Aphrodite. Selon les mythographes, ces pommes provenaient soit d'un sanctuaire de la déesse à Chypre, soit du fameux jardin des Hespérides. Pendant la course, au moment où il allait être rejoint par Atalante, il eut l'idée de laisser tomber une à une devant elle les pommes d'or que lui avait confiées la déesse. Atalante, incapable de résister au désir de les ramasser, perdit la course. Elle épousa donc Hippoménès, mais leur bonheur ne fut pas éternel. Un jour qu'ils chassaient ensemble dans les bois, ils entrèrent dans un sanctuaire de Cybèle (ou de Zeus), et s'y aimèrent passionnément. La divinité, indignée de ce sacrilège, les transforma tous deux en lions. L'oracle ne s'était pas trompé !

Le rôle de la pomme dans ce mythe a été diversement apprécié. Certains ont jugé qu'Atalante avait succombé à la tentation exercée par la pomme dont la matière est l'un des principaux symboles de la richesse, qu'elle avait été aveuglée par sa passion de l'or et que sa cupidité l'avait perdue. Selon cette lecture du mythe, on ne saurait dire que la pomme d'Atalante symbolise effectivement la soif des richesses ou l'avarice, mais il n'en demeure pas moins clair qu'en jouant le rôle d'instrument de la tentation, elle apparaît étroitement associée à l'une ou à l'autre.

D'autres ont préféré lire ce mythe d'une manière différente. Ils ont en effet considéré que la pomme, qui était un don d'Aphrodite, symbolisait l'amour qu'Hippoménès éprouvait pour Atalante et que celle-ci n'avait pu résister à l'inclination naissante qu'elle avait pour lui. Dès lors, c'est parce qu'elle était déjà amoureuse de son futur vainqueur qu'elle aurait décidé de ne pas remporter l'épreuve. Il est vrai que l'intervention indirecte d'Aphrodite dans ce mythe, par le biais des pommes données, pourrait inciter à privilégier cette seconde interprétation. Les liens qui unissent ce fruit à la déesse de l'amour sont en effet particulièrement forts.

Il nous faut maintenant les examiner.

Amoureux sous un pommier, d'après une gravure allemande du XIXe siècle.

CHAPITRE V

UN AMOUR DE POMME OU UNE POMME D'AMOUR ?

L'amour occupe une place particulièrement privilégiée dans la symbolique de la pomme. Les raisons en sont complexes et il faut les rechercher dans les méandres d'une longue histoire.

Giampetro Valeriano explique dans ses *Hieroglyphica*, écrits en 1556, que le choix de la pomme pour symboliser l'amour s'explique par son aspect, son odeur et son goût :

« Entre les arbres fruitiers, écrit-il, il n'y en a point de plus agréable, point de plus beau ni de plus délicat que le pommier… Or, attendu, comme dit Cicéron, que non seulement le goût de ces pommes, mais aussi l'odorat et l'aspect est plaisant, l'on a trouvé qu'elles servent à signifier l'hiéroglyphique de l'amour. »

L'explication fournie par Giampetro Valeriano est intéressante, mais il semble avoir oublié l'essentiel. Il a en effet omis de citer la forme sphérique et la structure interne de la pomme parmi les raisons plus ou moins lointaines qui ont guidé le choix de ce fruit pour l'associer à l'amour ou plus exactement aux différentes nuances de ce sentiment. Car le seul mot « amour » apparaît beaucoup trop réducteur pour rendre compte de l'extraordinaire richesse symbolique de la pomme dans ce domaine. En effet, selon le contexte dans lequel elle est inscrite, la pomme pourra symboliser l'amour le plus pur ou la luxure, le désir érotique ou la simple demande en mariage, l'inclination amoureuse, la fécondité ou encore la sexualité inassouvie.

Si les causes d'une telle richesse sont évidemment multiples, deux d'entre elles semblent toutefois avoir été particulièrement déterminantes.

La première réside dans les caractéristiques morphologiques de la pomme. Nous avons indiqué au chapitre 2 que les Grecs et les Romains avaient tendance à considérer que la plupart des fruits de forme sphérique et à l'intérieur desquels étaient cachés des graines ou des pépins exprimaient par ces caractéristiques morphologiques une certaine relation avec la féminité et la fécondité. C'est ainsi qu'ont pu être tout particulièrement sélectionnés dans ces domaines des fruits tels que le coing, la grenade, le citron, la figue ou la pomme. Malheureusement, les textes qui rapportent les mythes dans lesquels ils sont impliqués nous apparaissent généralement aujourd'hui par trop imprécis, pour qu'il soit possible de choisir avec sûreté parmi eux, celui que les auteurs avaient effectivement en tête lorsqu'ils les ont rédigés. Dans bien des cas, il semble vraisemblable que ce devait être le coing ou la grenade et non la pomme. Mais, le développement de la culture des pommiers, la présence familière de cet arbre à proximité des habitations et la progression constante de la consommation de ses fruits ont eu pour conséquence de pousser à choisir la pomme de préférence à d'autres fruits, dans de nombreux mythes où l'amour est le moteur de l'histoire.

Une seconde explication au fait que la pomme soit devenue l'un des symboles les plus courants de l'amour tient à ce qu'elle a été associée très tôt à certains épisodes de la vie de deux figures emblématiques, Ève et Aphrodite, dont les récits ont été extrêmement répandus.

Nous nous sommes longuement étendu sur l'assimilation de la pomme au fruit défendu et sur le rôle d'Ève dans cet épisode biblique. Nous nous limiterons à revenir ici sur l'interprétation de certains exégètes qui ont cru voir dans le péché originel la transgression d'un interdit sexuel, ce qui eut pour conséquence d'associer directement la pomme au « péché de la chair ». Leur interprétation s'appuie sur plusieurs passages du Livre de la Genèse qui semblent avoir tout particulièrement attiré leur attention. On en rappellera trois qui paraissent les plus importants pour justifier une telle exégèse et dans lesquels s'imbriquent différents thèmes comme la nudité, la fécondité, les souffrances de l'accouchement, le désir du sexe et la procréation. Le premier précise que c'est aussitôt après avoir goûté au fruit défendu qu'Adam et Ève découvrirent leur nudité.

« Leurs yeux à tous deux s'ouvrirent et ils surent qu'ils étaient nus ». (Gen. 3, 6.)

Le second concerne la punition infligée par Dieu à Ève qui semble à première vue relever essentiellement du domaine de la sexualité.

« Dieu dit à la femme : "Je ferai qu'enceinte, tu sois dans de grandes souffrances ; c'est péniblement que tu enfanteras des fils. Tu seras avide de ton homme et lui te dominera." » (Gen. 3, 16.)

Enfin, le dernier texte indique que, sitôt chassé du Paradis,

« l'homme connut Ève, sa femme. Elle devint enceinte et enfanta Caïn. » (Gen. 4, 1.)

L'Expulsion du Paradis. D'après La Petite Passion, *Albrecht Dürer, 1511.*

Le rapprochement de ces trois textes et leur convergence apparente ayant conduit à définir le péché originel comme un acte sexuel, on en déduisit qu'Ève, la perfide tentatrice d'Adam, était l'incarnation même de la luxure, en s'appuyant notamment sur le second texte où il lui est prédit par Dieu qu'elle serait avide de son homme, voire de l'homme... Comme par ailleurs, la pomme fut identifiée, à tort nous l'avons vu, au fruit défendu, cette méprise jointe à cette interprétation erronée des versets du Livre de la Genèse conduisit à transformer l'association indiquée par les textes bibliques « Ève tentée — fruit — péché » en une autre association « Femme tentatrice — pomme — luxure » tout entière imprégnée d'érotisme. Et on en déduisit, par un raccourci quelque peu simplificateur, que la pomme était à elle seule un symbole de la luxure, sans même qu'il soit nécessaire de lui associer le personnage d'Ève. Ainsi, comme il est courant dans tout système symbolique où les oppositions se correspondent et les ambivalences d'un même objet sont fréquentes, on opposa à cette pomme de la luxure, provenant d'Ève, la pomme du salut et de la pureté placée dans la main de la Vierge Marie ou dans celle de l'enfant Jésus.

Précisons toutefois qu'il s'agit ici de la luxure comprise comme l'amour sensuel d'où tout sentiment n'est pas nécessairement absent, mais qui n'est néanmoins pas pris en bonne part dans les conceptions du Moyen Âge chrétien, comme tout ce qui touche à la chair et au sexe. La pomme n'est en effet jamais associée à la luxure entendue au sens de débauche qui était considérée par l'Église médiévale avec l'avarice comme le plus grave des péchés capitaux, et était par suite souvent représentée, notamment dans les scènes du Jugement dernier, par une femme dont les seins et le sexe étaient dévorés par des serpents ou des crapauds.

Il serait toutefois erroné de croire que l'association de la pomme et de l'amour n'est présente dans la Bible qu'avec le personnage d'Ève. On y trouve en effet d'autres passages où cette relation est explicitement formulée mais dans un contexte très différent, il est vrai, de celui des versets précités du livre de la Genèse. Elle y est en particulier fortement exprimée dans ce très beau poème d'amour qu'est le Cantique des Cantiques, dont la présence dans la Bible soulève d'ailleurs une des questions les plus controversée de la littérature biblique. À plusieurs reprises, son auteur mentionne un fruit et un arbre qui évoquent symboliquement l'amour et dans lequel la plupart des traducteurs ont voulu voir une pomme et un pommier, mais d'autres le cédrat et le cédratier, notamment la tradition juive. On sait que différentes lectures peuvent être faites du Cantique des Cantiques qui vont d'une explication allégorique et mystique à une interprétation purement naturaliste du texte. On ne saurait évidemment aborder un telle question dans le cadre de cet ouvrage. Nous nous en tiendrons à une lecture littérale des quelques passages où cet arbre et ce fruit sont mentionnés et nous admettrons qu'il s'agit du pommier et de la pomme.

Le premier est intégré dans le chant que la jeune femme adresse à celui qu'elle aime :

«Comme un pommier au milieu des arbres de la forêt,
tel est mon chéri parmi les garçons.
À son ombre selon mon désir, je m'assieds ;
et son fruit est doux à mon palais.» *(Ct. 2, 2-3 et 5.)*

On remarquera que le pommier est présenté comme un arbre dont les fruits sont comestibles et parfumés, en opposition aux arbres de la forêt sans fruits ni odeurs, ou encore comme un arbre fécond en opposition aux arbres stériles. Le pommier a la primauté sur tous les autres. Il symbolise l'élu, l'aimé. C'est en effet à son ombre que la jeune fille s'assied, parce qu'elle l'aime entre tous et l'ombre du pommier apparaît comme le lieu des amours par excellence, ce qui semble confirmé dans un autre passage (8, 5). Le mot «désir» employé par la jeune fille amoureuse a suscité bien des interrogations, en particulier celle de savoir si elle exprimait par ce mot un désir sexuel ou non ? Nous ne saurions nous prononcer ici, tant les arguments développés en faveur ou contre une telle interprétation semblent peu convaincants. Quant au fruit doux au palais qu'évoque l'amoureuse, il pose aussi question et a suscité bien des commentaires. Dit-elle qu'elle a mangé des pommes dont la douceur au goût symbolise l'amour, pour laisser entendre qu'elle est amoureuse, ou bien le fruit doux à son palais n'est-il qu'une expression métaphorique pour désigner le baiser que lui a donné son amoureux, dans la mesure où celui-ci est comparé à un pommier ? Quels que soient les différents sens que l'on ait pu donner à ce passage, il est clair que le pommier et la pomme y sont présentés pour exprimer symboliquement l'être aimé et le sentiment que l'on éprouve pour lui.

Un peu plus loin, on rencontre un autre passage tout aussi difficile à interpréter :

Carte du Tarot des fleurs.

« Restaurez-moi avec des gâteaux de raisins ;
soutenez-moi avec des pommes :
car je suis malade d'amour. »   (Ct. 2, 5.)

La pomme apparaît ici sous différents aspects. Elle est présentée non seulement comme une nourriture remontante, à l'égal des gâteaux de raisins, mais aussi comme un remède et un aphrodisiaque. La jeune fille qui se languit d'amour demande sans doute de la nourriture concrète pour surmonter son état de faiblesse, mais son choix se porte étonnamment sur des pommes pour y parvenir. Or ces fruits ne sont nullement des aphrodisiaques et n'en ont d'ailleurs jamais eu la réputation. En revanche, ils étaient connus pour être des symboles de l'amour. L'indication de la pomme ne semble donc avoir qu'un seul objet : suggérer discrètement l'idée que l'amoureuse ne pourra être guérie de sa maladie d'amour que par la satisfaction de ses désirs.

Ces quelques lignes du Cantique des Cantiques illustrent assez bien une certaine perception que l'on pouvait avoir de la pomme en tant qu'image symbolique de l'amour, sans qu'il soit nécessaire de faire référence à Ève. Mais ce poème composé vraisemblablement vers le Ve siècle avant J.–C. (?) ne s'adressait sans doute qu'à un public restreint de lecteurs raffinés et cultivés, pris dans les milieux juifs contemporains de sa rédaction. Aussi ne pouvait-il susciter le même intérêt et surtout avoir la même résonance que l'histoire d'Ève relatée dans le Livre de la Genèse qui était très largement diffusée et pouvait donc frapper d'autant plus aisément l'imagination de tous qu'elle leur proposait une explication de l'origine de l'humanité et de leur condition misérable de pécheurs. En revanche, ces courts passages du poème pouvaient peut-être

Le jugement de Pâris, d'après Pierre-Paul Rubens.

évoquer chez les lettrés la signification symbolique que les anciens Grecs avaient attribuée à la pomme, chez lesquels elle était mythiquement associée à Aphrodite, la déesse de la beauté et de l'amour.

Aphrodite est en effet le second personnage à avoir joué un rôle majeur dans le choix de la pomme comme symbole de l'amour. Parmi les mythes où ce fruit apparaît comme un des attributs de cette déesse, c'est probablement celui du jugement de Pâris qui est le plus connu. S'il n'est pas le seul, il semble néanmoins être celui qui ait le plus contribué à assurer la célébrité de l'association symbolique de la pomme à l'amour dans le monde grec et plus tard chez les Romains où Vénus — surnommée parfois *Verticorda*, celle qui change les cœurs — se substitua à Aphrodite…. bien qu'il se soit probablement agi d'un coing à l'origine du mythe!

Celui-ci raconte que lors des noces de Thétis et de Pelée, Eris (la Discorde) lança au milieu des dieux assemblés pour l'occasion une pomme sur laquelle était inscrit « À la plus belle » en disant qu'elle devrait être attribuée à celle des trois déesses Athéna, Héra et Aphrodite qui serait jugée la plus digne de cette inscription. Une contestation s'éleva entre eux mais aucun ne voulut prendre la responsabilité de choisir entre les trois divinités. Zeus chargea alors Hermès de les conduire sur l'Ida de Troade où Pâris, le fils aîné de Priam, roi de Troie, tiendrait le rôle d'arbitre. Les trois déesses plaidèrent alors l'une après l'autre leur cause devant lui. Chacune lui promit sa protection et des dons particuliers s'il jugeait en sa faveur. Héra s'engagea à lui procurer l'empire de l'Asie toute entière. Athéna lui promit la sagesse et la victoire dans tous les combats. Aphrodite se contenta de lui promettre l'amour d'Hélène de Sparte, la plus belle des femmes de cette époque. Certains textes, en particulier celui d'Homère, *(Iliade* XXIV, 30) indique que celle-ci pour l'emporter lui avait fait don de la « luxure douloureuse » ou, selon d'autres traductions, de la « lubricité funeste ». Pâris choisit Aphrodite et lui remit la fameuse pomme donnée par Discorde qui restera célèbre à tout jamais sous l'appellation de pomme de Discorde. La suite de ce choix fut tragique, car Pâris enleva la belle Hélène, déjà mariée à Ménélas, le roi de Sparte, et s'enfuit avec elle à Troie. Ce rapt fut à l'origine d'une guerre longue de dix ans qui inspira le poème homérique de l'*Iliade*.

Le mythe du jugement de Pâris accorde donc à la pomme un rôle particulièrement important. Elle en retire plusieurs valeurs symboliques, qui touchent à l'amour, à la beauté et à la dispute. Son attribution à la déesse Aphrodite manifeste tout d'abord sa relation privilégiée avec l'amour. Par le choix de Pâris, elle devient un des attributs de la déesse et de ce fait, acquiert la possibilité de symboliser l'amour, à moins qu'elle ne se voit simplement confirmée dans cette fonction qui lui était déjà reconnue. En second lieu, la décision de Pâris d'accorder à Aphrodite le premier prix de cet étrange concours de beauté entre trois divinités donne en quelque sorte à la pomme le statut d'un trophée qui matérialise le triomphe de la déesse, tel un prix de beauté dont elle devient l'un des symboles, et ce, d'autant plus facilement qu'elle était utilisée dans cette compétition pour matérialiser le choix. Enfin, la pomme joue dans ce mythe le rôle d'instrument de discussion, de contestation et de division. Elle n'en retirera pas une bonne réputation, mais c'est paradoxalement cette image que la mémoire collective semble avoir surtout retenu d'elle. Le langage courant trahit d'ailleurs cette préférence. On fait plus volontiers référence à la « pomme de Discorde » qu'à la « pomme d'amour » ou à la « pomme de beauté » associée à Aphrodite. Il est vrai que dans le domaine végétal, les attributs les plus couramment affectés à cette déesse étaient plutôt le myrte toujours vert, la rose rouge, le coing, la grenade, le pavot, la mandragore, la violette, la marjolaine... Néanmoins, un certain nombre de sculptures représentent la divinité avec une pomme dans la main, en souvenir du concours qu'elle remporta, comme, par exemple, la Vénus d'Arles ou la Vénus de Fréjus et peut-être celle de Milo, bien qu'elle nous soit parvenue sans bras. On pourrait encore citer celle qui avait été placée dans le sanctuaire d'Aphrodite à Sicyone, non loin de Corinthe. Nous savons en effet qu'elle tenait un pavot dans une de ses mains et une pomme dans l'autre, selon la description qu'en a fait Pausanias dans sa relation du voyage qu'il effectua en Grèce vers la fin du IIe siècle après J.–C. (I, 44. 3).

La Vénus d'Arles, sans doute d'après l'Aphrodite de Thespies de Praxitèle.

Une légende rapportée par Servius dans son commentaire de l'Énéide de Virgile (VIII, 37) montre que la pomme a pu être associée à la déesse en d'autres circonstances. Elle raconte qu'un certain Mélos quitta Délos, sa patrie pour se rendre à Chypre, l'île d'Aphrodite, à l'époque où y régnait le roi Cinyras dont le fils, Adonis, était aimé par Aphrodite elle-même. Mélos devint le compagnon d'Adonis. Le roi Cinyras, constatant que ce jeune homme était doué de bonnes dispositions naturelles, le maria à une de ses proches parentes nommée Pélia. De cette union naquit un enfant qui fut appelé Mélos, comme son père. Aphrodite se montra bienveillante pour l'enfant et veilla à ce qu'il fut élevé dans son sanctuaire. Mais Adonis fut tué par un sanglier, et son compagnon de jeunesse en fut tellement affligé qu'il se pendit à un arbre qui porta son nom (cf. *Mêlon* = le pommier). À la suite de ce drame, Pélia se pendit à son tour au même arbre. Aphrodite, prise de pitié pour eux, métamorphosa Mêlos en un fruit qui porte son nom *(Mêlon,* la pomme) et sa femme Pélia en colombe, l'oiseau de la déesse. Ce mythe explique, selon Servius, l'étymologie des mots pommier et pomme, mais il rappelle aussi que la pomme était associée à Aphrodite et à l'amour. La transformation de Mêlos en pomme apparaît en effet comme une sorte de témoignage indirect, rendu à titre posthume par la déesse à l'amour qu'elle éprouvait pour Adonis.

Les pommes sont aussi associées à Aphrodite en d'autres circonstances. Ainsi, par exemple, des vergers semblent lui avoir été consacrés. Ce sont ses bois sacrés généralement proches de ses sanctuaires. Philostrate en évoque un dans ses *Images,* recueil rédigé au IIIe siècle de notre ère. Il y décrit des *Érôtes* (c'est-à-dire de petits génies ailés, des Amours) qui volettent de branche en branche pour cueillir des pommes consacrées à la déesse et en remplir des paniers sans doute destinés à des offrandes, tandis que d'autres s'amusent à décocher des flèches et à se lancer des pommes. (I. 6) Un fragment de Sapho pourrait également concerner un verger de pommiers qui lui est consacré :

«Viens de Crète me retrouver au temple
saint, au bois sacré délicieux, où poussent
tes pommiers, où sur les autels l'encens qui
brûle s'exhale !
Une eau fraîche bruit dans les branches lourdes
de leurs pommes, tout ombragé de roses
est ce lieu, et du frémissant feuillage
glisse le somme. »   (I, IV 2.)

Rappelons encore que les trois Grâces (ou *Charites)* qui personnifient généralement la beauté accompagnant souvent Aphrodite, et portent parfois une pomme à la main.

Si la pomme paraît ainsi assez souvent en relation avec Aphrodite et l'amour, il n'est en revanche pas aisé de reconnaître quel est le type d'amour dont elle est le symbole ou encore à laquelle des deux figures d'Aphrodite que distinguait Platon *(Le Banquet,* 180 d. sq.) elle se trouve associée. S'agit-il de l'Aphrodite Pandémienne, c'est-à-dire de l'Aphrodite Populaire, fille d'Ouranos et sans mère connue, qui ne connaît pas de règles et inspire ceux qui sont obsédés par la jouissance et ne distinguent guère le bien du mal ? Ou bien faut-il au contraire y voir l'Aphrodite Ouranienne, fille de Zeus et de Dioné, la déesse de l'amour pur qui anime ceux dont le dessein est de rester toujours ensemble et de vivre en commun ? Il ne semble pas que la pomme puisse être concernée par cette subtile distinction de Platon. Celle-ci est en effet postérieure à l'époque où ont été élaborés la plupart des mythes qui concernent la déesse, si bien qu'on ne saurait impliquer la pomme en tant qu'attribut d'Aphrodite dans un tel système où s'opposeraient la pomme du vice à celle de la vertu, comparable à celui dans lequel on oppose la pomme d'Ève à celle de la Vierge Marie. Aussi nous paraît-il plus vraisemblable de retenir que la pomme devait chez les anciens Grecs être associée à toutes les formes que peut revêtir l'amour. Il leur était en effet probablement suffisant que le fruit fût beau et qu'il évoquât par sa forme ronde et ses pépins tout à la fois les charmes du corps féminin, l'érotisme, les relations sexuelles et la fécondité. En quelque sorte, ils se contentaient d'un amour de pomme pour en faire une pomme d'amour !

Enfant présentant une pomme à une bohémienne. D'après une gravure sur bois de la Cosmographie universelle, *1552.*

Le choix d'une pomme (ou d'un fruit appelé *Mêlon* que l'on traduit généralement et souvent à tort par pomme) dans les mythes et les représentations d'Aphrodite s'explique sans doute aussi par l'utilisation qu'en faisaient les anciens Grecs pour manifester leurs sentiments amoureux dans leur vie quotidienne. Un homme pouvait en effet exprimer son amour à une femme en lançant une pomme dans sa direction de manière à la faire rouler devant elle. Les textes qui font référence à cette pratique sont relativement nombreux, et l'on employait même un verbe particulier *(mêlobalein)* pour la nommer. Un certain nombre d'épigrammes en témoignent, comme celle-ci relevée dans l'*Anthologie Palatine*:

> « Je te jette cette pomme. Si tu es disposée à m'aimer, reçois-la et, en retour, donne-moi ta virginité. Que si tu es contraire à mes vœux, reçois-la encore et vois comme son éclat et sa fraîcheur sont peu durables. » (79)

Ou encore cette autre qui personnalise la pomme et lui prête la parole pour expliquer la teneur du message :

> « Je suis une pomme ; quelqu'un qui t'aime m'a jetée. Allons, cède à mes vœux, Xanthippe. Et toi et moi, nous nous unirons bientôt. » (80)

Cette forme de déclaration courante pouvait toutefois se situer à différents niveaux. Au plus solennel, le jet de la pomme s'accompagnait d'un serment dont une divinité était nommément désignée comme témoin. C'était le signe d'un engagement qui pouvait être lourd de conséquences.

Nous en retiendrons deux exemples. Le premier nous est conté par Antoninus Liberalis dans ses *Métamorphoses* écrites à l'époque hellénistique. Il s'agit de l'histoire de Ctésylla, une jeune fille d'Ioulis, dans l'île de Céos, qui inspira une grande passion à un jeune

Athénien, Hermocharès, lorsque celui-ci la vit danser aux fêtes pythiques autour de l'autel d'Apollon. Il écrivit sur une pomme une formule de serment : « Je jure par Artémis d'épouser Hermocharès d'Athènes » et la lança à Ctésylla, alors que celle-ci se trouvait dans le temple d'Artémis. La jeune fille, surprise, lut l'inscription à haute voix, rougit à sa lecture et rejeta la pomme loin d'elle. Mais elle se trouva liée par ce qu'elle avait lu, et, circonstance aggravante, en prenant une divinité à témoin. Hermocharès demanda alors au père de Ctésylla de lui accorder la main de sa fille. Le père consentit au mariage et fit serment par Apollon qu'il le prendrait pour gendre. Mais il oublia plus tard son engagement solennel et prépara d'autres fiançailles pour sa fille. Cependant Artémis, loin d'avoir oublié le serment prononcé par Ctésylla, fit en sorte qu'elle devint à son tour amoureuse d'Hermocharès et s'enfuit avec lui à Athènes où elle l'épousa. C'est alors qu'Apollon provoqua sa mort en couches pour punir son père qui n'avait pas respecté son serment. De son cadavre s'envola une colombe, l'oiseau sacré d'Aphrodite, ce qui était pour la déesse une manière de faire connaître tout l'intérêt qu'elle avait porté à cette tragique histoire d'amour. Le sanctuaire qui fut ultérieurement consacré dans sa ville natale à la malheureuse jeune femme porta d'ailleurs le nom d'Aphrodite Ctésylla.

La seconde légende, également d'origine grecque, nous est rapportée par Callimaque et par Ovide. Elle est tout à fait comparable et met en scène deux autres personnages, Acontios et Cydippé. C'est également en lui jetant une pomme (ou un coing ?) que le jeune homme se déclare à celle qu'il aime et celle-ci lit l'inscription qu'il avait gravée sur la peau du fruit à haute voix dans un sanctuaire d'Artémis. La fin est quelque peu différente, et met davantage encore en valeur la force du serment inscrit sur la pomme jetée. En effet, chaque fois que devaient avoir lieu les noces de la jeune fille dont le père avait organisé les fiançailles avec un autre jeune homme, celle-ci tombait malade si gravement et si soudainement que les noces ne pouvaient être célébrées. Cette étrange situation suscita suffisamment d'interrogations pour que le père se décidât à aller consulter l'oracle de Delphes. Ce dernier lui révéla que Cydippé était liée par un serment dont la déesse Artémis avait été prise à témoin et que cet engagement remontait à l'instant où Cydippé avait lu dans son sanctuaire l'inscription gravée sur la pomme que lui avait jetée son soupirant :

« Je jure par le temple d'Artémis de me marier avec Acontios ».

La divinité marquait sa colère en envoyant une mystérieuse maladie sur la jeune fille chaque fois qu'elle était sur le point de se parjurer. Le père n'insista pas et accorda sa fille à Acontios.

Mais dans bien des cas, le fait de lancer une pomme se situe à un niveau qui ne met pas en jeu le concours d'une divinité à laquelle se trouve lié par serment celui qui lance la pomme ou celle qui la reçoit. Le geste d'offrir une pomme, hors de tout contexte religieux, perd de sa sacralité rituelle pour ne plus être qu'un acte symbolique dont la seule signification est de dire le sentiment éprouvé. C'est un simple mode de déclaration d'amour qui a été codifié par la société dans laquelle il était pratiqué. Quelques auteurs grecs et latins y font allusion, comme Théocrite dans plusieurs de ses *Idylles* (II, 120; III,10; VI,7; X,34), Longus dans son roman *Daphnis et Chloé* (I. 24, 3) ou Virgile dans ses *Bucoliques*. (III, 64, 70-72). Quant à Lucien de Samosate, il l'évoque avec malice dans la scène de jalousie qu'une courtisane fait à son amant qui a quelque velléité de la tromper :

> « Enfin tu mords dans une pomme après t'être assuré que Diphile n'en voyait rien et se penchait pour causer avec Thrason. Puis, tu vises de ton mieux et tu la lui jettes dans le sein, sans essayer d'échapper à mes regards. Elle la prend, la baise et la cache dans sa gorge sous son réseau. » (*Dialogues des courtisanes*, XII, 1.)

Cette pratique comporte ses règles qui doivent être respectées tant par le soupirant que par la personne désirée. Le premier doit choisir un fruit de forme ronde, un *mêlon*, généralement une pomme ou un coing, graver une inscription sur la peau du fruit qui mentionne son nom et ses intentions et le lancer en direction de l'être désiré, après l'avoir préalablement mordu. En réponse, la destinataire de la pomme peut la jeter au loin, ce qui équivaut à un refus de donner suite à la déclaration d'amour. Mais elle peut à sa réception, l'embrasser, la caresser, la croquer à son tour et la cacher dans sa poitrine, entre ses seins, manifestant ainsi par un comportement dont le sens érotique est évident, combien elle accueille la déclaration avec intérêt, et encourage son auteur à aller plus loin. La manducation partagée de la pomme matérialise une communion ostensible entre celui qui l'offre et celle qui la reçoit et scelle explicitement le début d'une complicité voulue pour une relation amoureuse commune. Elle revêt une signification symbolique particulière, supérieure à celle que peut exprimer la seule action de croquer une pomme qui apparaît pourtant déjà particulièrement chargée d'érotisme dans ce contexte précis. Croquer un fruit implique en effet sa mise en contact avec les dents. Or, celles-ci sont elles-mêmes assez souvent associées à

Mine de plomb de Sandro Botticelli pour La Divine Comédie.

L'arbre est plus haut qui fut mordu par Ève,
Et cette plante en a été tirée.

Dante, Purgatoire, *chant XXIV.*

l'amour et à la fécondité. Ne sont-elles pas en effet des instruments de prise de possession qui ouvrent le premier acte d'une assimilation complète ultérieure ? Des adages tels que « proches dents, proches parents » ou « mal de dents, mal d'amour » font explicitement référence à cette association. Par suite, la pomme croquée, en matérialisant le résultat de l'union intime de la pomme et de la dent — qui ont l'une et l'autre, et pour des raisons différentes, des relations symboliques privilégiées avec l'amour —, constitue à elle seule un nouveau symbole dont la force signifiante est à la fois différente et plus grande que celle de chacune de ses composantes prises séparément. C'est pourquoi l'expression « croquer la pomme » ou « mordre la pomme » n'évoque pas seulement les relations amoureuses, mais se comprend généralement, soit dans le sens de « se laisser séduire », soit, plus couramment, dans celui de « faire l'amour » ou « d'avoir des relations sexuelles », probablement en souvenir de l'histoire biblique d'Adam et Ève et du fruit défendu.

L'usage de faire connaître ses sentiments à une personne aimée, en utilisant une pomme comme moyen de communication ne semble pas avoir été le seul fait des Grecs. Ainsi, par exemple, il était encore de pratique courante au siècle dernier dans plusieurs régions de France d'utiliser une pomme comme véhicule de la déclaration d'amour ou de la demande en mariage. Paul Sébillot rapporte que, dans la région de Redon, en Bretagne, celui qui allait demander en mariage une jeune fille qu'il connaissait depuis son enfance avait soin de se munir d'une pomme, et quand il se trouvait en tête à tête avec elle, il y mordait en disant :

« M'aimes-tu ? m'aimes-tu pas ?
Si tu m'aimes, mords dans mon mias ! »

Si la fille acceptait, le mariage était décidé ; si elle refusait, tout était rompu.

Il existait donc, comme en Grèce, tout un langage codé dans ce genre de situation qui ne demandait nullement à être accompagné de paroles. Les fruits, et la pomme en particulier, suffisaient à faire connaître comment la demande serait accueillie. Ainsi, au Berry, celui qui accompagnait le jeune homme dans sa démarche, devait retourner les cendres du foyer dans l'âtre de la maison de la jeune fille. S'il y trouvait une pomme, la présence de celle-ci signifiait que la négociation pourrait s'engager dans de bonnes conditions. S'il n'y en avait point, il était inutile d'insister. En Bretagne, un procédé ingénieux était mis en œuvre pour faire connaître ses sentiments. Les amoureux découpaient des lettres sur un papier dont ils entouraient une pomme en suppliant le soleil d'écrire sur le fruit le nom qu'ils avaient formé sur l'enveloppe, avant de l'envoyer à la personne aimée. On pourrait sans doute rappeler ici la confection dans les fêtes foraines de « pommes d'amour » qui étaient destinées à l'origine à être offertes puis croquées entre amoureux. On notera qu'elles étaient traditionnellement de couleur rouge, ce qui provient certes de leur confection puisqu'elles sont enrobées d'un sucre caramélisé, mais on sait aussi que le rouge est la couleur de la passion... Mais parfois, il ne semblait pas nécessaire d'utiliser une pomme pour faire état de ses sentiments. Il suffisait de se déclarer sous un pommier. Celui-ci semble en effet avoir été perçu dans de nombreuses régions comme un arbre particulièrement propice aux épanchements amoureux et c'est un thème récurrent de l'imagerie populaire de représenter des amoureux assis sous son ombre pour y échanger leurs déclarations.

Le bras d'Ève, d'après Albrecht Dürer.

Aphrodite et Ève semblent donc avoir chacune et sur des registres différents joué un rôle déterminant dans l'élaboration d'une partie importante de la symbolique de la pomme, celle qui a trait aux différentes formes que peut revêtir l'amour, que celui-ci soit désiré ou partagé, suscité ou dédaigné, comblé ou déçu. Mais leurs influences respectives ont été à ce point convergentes et se sont si bien imbriquées dans le symbole qu'il paraît difficile, sinon impossible d'y distinguer aujourd'hui la part qui revient à l'une ou à l'autre.

Parmi les principaux thèmes exploités, en Occident du moins, dans les mythes, les légendes, les contes ou les traditions populaires qui donnent à la pomme un rôle important dans les affaires de cœur, on relève en tout premier lieu, celui qui fait de la cueillette d'une pomme la condition indispensable pour conquérir le cœur d'une jeune fille.

Le conte des frères Grimm, intitulé *Le Serpent blanc*, en donne un exemple assez caractéristique. Il raconte l'histoire d'une jeune princesse qui désire se marier. Elle ne se donnera qu'à celui qui réussira à triompher d'une épreuve particulièrement difficile. Nombreux sont ceux qui tentent d'y parvenir mais ils échouent et sont mis à mort. Arrive un jeune homme qui parvient à vaincre la difficulté, mais la princesse ne s'estime pas satisfaite et lui impose de nouvelles tâches à accomplir, dont la dernière consiste à rapporter une pomme de l'« Arbre de Vie ». Le jeune homme qui n'avait aucune idée de l'endroit où se trouvait ce mystérieux arbre est aidé dans sa recherche par trois corbeaux qui lui sont reconnaissants de les avoir sauvés d'une mort certaine. Ceux-ci le lui rappellent et ajoutent : « Nous avons appris que tu étais en quête de la pomme d'or, et c'est pourquoi nous avons volé au-dessus des mers jusqu'au bout du monde où croît l'Arbre de Vie et nous t'y avons cueilli cette pomme. » Le jeune homme la rapporte à la princesse qui n'a plus alors d'autres exigences à formuler... Le conte se termine ainsi : « Ils partagèrent la pomme de Vie et la mangèrent ensemble ; et l'orgueil, dans le cœur de la princesse fut remplacé par le plus grand amour. Ils vécurent un bonheur parfait et atteignirent un très grand âge. » Par certains de ses aspects, cette histoire s'inspire du mythe du jardin des Hespérides, mais celui-ci est complètement transformé, comme c'est souvent le cas dans ce genre de récit qui mêle des éléments provenant de diverses origines. Le but poursuivi par le héros de l'histoire est tout autre et les conséquences de l'exploit sont également différentes. La pomme y acquiert en revanche une richesse symbolique qu'elle n'avait pas dans l'aventure d'Héraclès. Elle est à la source d'un grand bonheur, alors qu'elle ne procurait rien de tel au héros grec, bien au contraire ! Elle provoque ici en effet la naissance d'un grand amour et une longue vie, sinon l'éternité. C'est l'amour qui est au cœur de l'histoire et la pomme lui sert de révélateur.

On trouvera un récit voisin dans une légende polonaise que nous rapporte A. de Gubernatis dans sa *Mythologie des plantes* :

« Une jeune princesse, par une malédiction magique, est enfermée dans un château d'or placé sur une grande montagne de glace ; devant le château se trouve un pommier aux pommes d'or. Personne n'a pu parvenir à ce château. À moitié chemin, un faucon aveugle le cheval de sorte que le chevalier qui va pour délivrer la jeune princesse est renversé dans l'abîme. Un jeune héros prédestiné parvient enfin à tuer le faucon, et à cueillir les pommes d'or ; il en donne au dragon qui veille à la porte, pénètre ainsi dans le château et délivre la jeune princesse. » (Tome 2, p. 303.)

L'histoire est sans doute un peu plus compliquée, et le rôle de la pomme dans cette conquête amoureuse est moins directement mis en évidence. Elle doit d'abord être cueillie, mais elle n'est pas destinée à être consommée en commun entre les amoureux, comme c'est généralement le cas. Elle doit être absorbée par le dragon qui garde l'entrée du château où la jeune fille est cloîtrée, c'est-à-dire par celui dont la fonction est de protéger sa vertu. Mais le résultat est identique : la consommation de la pomme permet l'accès à un amour jusque-là impossible.

Les frères Grimm présentent une variante de ce thème dans le conte du *Petit gnome* où la pomme joue un rôle important. Celui-ci met en scène un roi, grand amateur d'arbres, dont l'admiration pour un magnifique pommier de son verger était telle qu'il avait juré d'envoyer à cent toises sous terre celui qui oserait en cueillir un fruit. Malheureusement pour lui, ce fut l'une de ses propres filles qui ne put résister à la beauté des pommes. Elle en cueillit une, la goûta et la trouva si merveilleusement bonne qu'elle en donna à manger à ses deux sœurs. Aussitôt, la malédiction de leur père les frappa toutes trois et elles disparurent au plus profond de la terre… Le roi, au désespoir, promit de donner en mariage l'une des princesses à celui qui ramènerait ses trois filles auprès de lui. Après bien des péripéties, un jeune chasseur parvint à les délivrer des entrailles de la terre et épousa finalement la cadette. Dans ce conte, le but n'est pas d'aller chercher une pomme dans des conditions périlleuses et de la rapporter à une princesse pour en conquérir le cœur, mais de ramener une princesse punie pour avoir consommé un fruit défendu. Les enjeux sont en quelque sorte inversés par rapport au schéma traditionnel de ce genre d'histoires, et par suite, l'amour n'est pas mis au premier plan des préoccupations des personnages. Il n'en est cependant pas totalement absent, car le conte se termine heureusement par un mariage…

Si l'épreuve de la cueillette d'une pomme, rendue particulièrement difficile par des obstacles de toute nature, apparaît ainsi dans différents récits comme le plus sûr moyen pour une jeune fille de sélectionner l'inconnu auquel elle acceptera de succomber, une telle attitude qui subordonne le bonheur futur au succès d'un hypothétique héros ne pouvait évidemment convenir à toutes. Dans bien des cas, la curiosité féminine devait se montrer la plus forte. De nombreux procédés étaient en effet mis en œuvre pour tenter de percer les secrets de l'avenir et connaître non seulement un destin sentimental qui suscitait bien des inquiétudes, mais aussi le nom même du futur élu.

De nombreuses pratiques et traditions populaires nous révèlent combien la pomme y était largement mise à contribution. Selon les cas, c'était la pomme entière qui était employée ou bien seulement son épluchure, sa chair ou ses pépins. Le choix de l'utilisation de telle ou telle partie du fruit n'était pas un fait du hasard : chacune avait une signification précise qui venait en quelque sorte ajouter son propre symbolisme à celui du fruit tout entier, pour le compléter et par suite l'enrichir.

Compte tenu du nombre considérable de pratiques populaires en ce domaine, nous avons été contraints d'effectuer une sélection nécessairement limitée.

L'épluchure de la pomme par exemple était employée, avec des variantes plus ou moins complexes, dans le Nord de la France, en Picardie ou en pays wallon, pour savoir si on se marierait dans l'année. Dans tous les cas, il fallait absolument peler la pomme en entier, en une seule fois et sans la déchirer, de manière à obtenir une lanière en spirale correspondant à la totalité de la peau du fruit. Cette épluchure a évidemment un sens symbolique : elle représente le lien du mariage et l'absence de toute déchirure signifie qu'il n'y aura pas de rupture ultérieure du couple et que le futur époux ou la future épouse sera fidèle. Le ménage restera uni. Dans certains cas, le procédé était plus compliqué, car on voulait en savoir plus. Ainsi, par exemple, la jeune fille pouvait faire effectuer à cette pelure trois fois (sept fois dans certaines régions) le tour de sa tête et la lancer en l'air. Le morceau tombé par terre figurerait la première lettre du nom de son futur mari. Paul Sébillot ajoute dans son *Folklore de France* les détails suivants qui concernent la Wallonie :

> « La pelure découpée entière sert à savoir dans combien d'années on se mariera ou combien on aura d'enfants ; il suffit de tenir la lanière par le bout et de compter les tours jusqu'à celui où elle se rompra. »

On pouvait aussi utiliser les tranches de la pomme pour obtenir la même révélation. J. G. Frazer en rapporte un exemple observé en Grande Bretagne dans *Balder le Magnifique* qui clôt le cycle du *Rameau d'Or* :

> « Vous placez une pomme que vous coupez en tranches en face d'un miroir. Puis, vous placez chaque tranche sur la pointe de votre couteau que vous tenez au-dessus de votre épaule gauche, pendant que vous vous peignez en regard la glace. Le spectre de votre mari paraîtra alors dans le miroir, étendant la main pour prendre les tranches de pommes par-dessus votre épaule. D'aucuns disent que les tranches doivent être au nombre de neuf, que vous devez manger les huit premières et jeter seulement la neuvième par-dessus votre épaule à l'intention de votre mari ; on prétend également qu'à chaque tranche, il faut dire : "Au nom du Père et du Fils". »

D'autres emplois de la pomme dans le même but divinatoire sont également cités par J. G. Frazer, comme par exemple celui qui consistait à attraper avec la bouche sans se servir de ses dents une pomme plongée dans une bassine ou attachée à un fil, ou encore fixée à l'extrémité d'un bâton suspendu à un crochet que l'on faisait tourner tandis qu'une bougie allumée était attachée à l'autre extrémité du bâton (*Balder le Magnifique*, chap. IV).

On utilisait également les pépins pour savoir quel serait son destin amoureux et les techniques employées étaient déjà en honneur dans l'Antiquité. Le grammairien grec Pollux comme le philosophe latin Sénèque les mentionnent en effet. Nous empruntons à la *Flore populaire* d'Eugène Rolland quelques exemples significatifs.

«On consulte également les sorts, écrit-il, en lançant un pépin en l'air, en le faisant gicler entre les doigts. Retombé, on regarde de quel côté est la pointe du pépin ; c'est de ce côté que l'on se mariera.»

Parfois, on dit au pépin :
«Pépin-ci, pépin-là, où il ira, Marion le trouvera.»

On utilise quelque fois trois pépins au lieu d'un seul et on les lance en l'air en prononçant quelques paroles, pour renforcer le geste comme par exemple celles-ci :
«Par où que mon pépin sera,
Ma bonne amie viendra.»

Ou encore, comme en Haute Bretagne :
«Pépin, pépin
Tourne-toi, vire-toi ;
Par où le pépin tournera
la bonne amie sera.»

Dans certains cas, la consultation est plus complexe. En Wallonie, rapporte Eugène Rolland,
«Une fille place un pépin sur le couvercle du poêle allumé et pose la question : *me voit-il avec plaisir ?* Si le pépin éclate, la réponse est affirmative ; elle peut aussi demander : *m'épousera-t-il ? mon premier enfant sera-t-il un garçon ?* Si elle demande : *combien d'enfants aurais-je ?* il faut alors plusieurs pépins ; autant il en éclate, autant elle aura d'enfants.»

On remarquera que l'utilisation des pépins de la pomme dans ces circonstances n'est qu'une application particulière de la signification symbolique générale qui leur était attribuée dans les domaines de la sexualité et de la fécondité. On en trouve d'ailleurs encore la trace dans des expressions telles que «avoir le pépin» pour une personne, pour indiquer que l'on est épris d'elle, ou encore «avaler un pépin» qui signifiait «être enceinte» mais dont l'emploi s'est perdu de nos jours.

Dans de nombreux cas cependant, on préférait, pour connaître l'avenir, utiliser une pomme entière plutôt qu'une de ses parties. Ainsi, toujours selon Eugène Rolland, la veille de la Saint André, les filles désireuses de savoir qui elles épouseraient se rendaient

Bain dans un des fleuves de l'Arbre du Paradis.

chez des veuves, et, sans se faire connaître, prononçaient ces mots : « pomme ! veuve ! » La veuve donnait des pommes que les filles, de retour chez elles, plaçaient sous leur oreiller avant de se coucher. Il leur était assuré qu'elles verraient en songe le visage de leur futur mari. De même, dans la région de Montbéliard, les veufs étaient mis à contribution. La veille de la Saint André, les jeunes filles s'en allaient frapper à la porte d'un veuf. Dès qu'il se montrait, elles lui disaient *pauvre veuf !* Il devait donner une pomme à chacune, mais sans prononcer une parole. Rentrée chez elle, la jeune fille coupait la pomme en deux, en mangeait une moitié et mettait l'autre sous l'oreiller au moment où elle se couchait. À minuit, elle devait s'éveiller et manger l'autre moitié de la pomme. Dans son sommeil, elle était assurée de voir son futur époux.

On rapporte aussi ce jeu auquel se livraient les jeunes filles en Normandie pour savoir quand elle se marieraient. Il consistait à enfiler des pommes sur une ficelle et à les tourner sans cesse en les exposant devant un feu ardent. Chaque pomme portant le nom de l'une d'entre elles, celle à qui appartenait le premier fruit tombé était certaine de trouver la première un mari dans l'année en cours... et chacune des participantes connaissait son sort selon l'ordre dans lequel les pommes tombaient, sauf celle à qui revenait la dernière pomme qui était sûre de rester célibataire. À Guernesay, d'après P. Sébillot, la jeune fille qui désirait connaître en songe le nom de celui qu'elle épouserait passait deux épingles en croix dans une pomme de reinette et la mettait sous son oreiller, la nuit de la Saint Thomas. On prétendait que la pomme devait être enveloppée dans un bas de la jambe gauche et l'on devait accompagner cette action d'une courte formule adressée à saint Thomas.

A. de Gubernatis a également relevé, dans sa *Mythologie des plantes* (1882), d'autres procédés qui avaient cours à son époque :

> « À Monte San Giuliano, en Sicile, écrit-il, le jour de la Saint Jean, chaque jeune fille jette de la fenêtre de sa chambre, une pomme dans la rue, et reste à guetter pour voir qui la ramassera. Si c'est un homme, elle se mariera dans l'année ; si c'est une femme, point de mariage pour toute l'année ; si on regarde la pomme sans y toucher, cela signifie que la jeune fille, en se mariant, deviendra bientôt veuve ; si le premier passant est un prêtre, la jeune fille devra mourir vierge. » Il ajoute une autre pratique observée dans le Monténégro dont le but est d'en savoir encore plus : « La belle-mère offre une pomme à la jeune mariée qui doit la jeter sur le toit de la maison de l'époux ; si la pomme tombe bien sur le toit, le mariage sera béni, c'est-à-dire, il y aura beaucoup d'enfants ».

Mais parfois, la jeune fille curieuse et languissante ne se contente pas de chercher à connaître le nom de celui qui l'aimera ou qui l'épousera. Elle veut forcer le destin et contraindre à l'aimer celui qu'elle désire et qui semble indifférent à son inclination. L'emploi de philtres devient alors nécessaire. Il est vrai que les femmes ne seront pas les seules à les utiliser. Les hommes ne dédaigneront pas de faire aussi appel à eux pour parvenir à leurs fins. La pomme sera encore sollicitée pour venir au secours des unes et des autres. La manière de les confectionner et leur composition étaient évidemment tenues secrètes. Quelques-unes de ces recettes nous sont néanmoins parvenues, comme celle-ci qui est consignée dans *Les Admirables Secrets du Petit Albert*, célèbre ouvrage apocryphe, rédigé probablement au XVIIIe siècle :

Arbre de science.

> « Vous irez un vendredi matin avant le soleil levé dans un verger fruitier et cueillerez sur un arbre la plus belle pomme que vous pourrez. Vous écrirez avec votre sang sur un petit morceau de papier blanc votre nom et surnom et, en une autre ligne suivante, le nom et le surnom de la personne dont vous voulez être aimé. Vous tâcherez d'avoir trois de ses cheveux que vous joindrez avec trois des vôtres qui vous serviront à lier le petit billet que vous aurez écrit avec un autre sur lequel il n'y aura que le mot *Sheva* aussi écrit de votre sang. Vous fendrez la pomme en deux, vous en ôterez les pépins, et en leur place, vous y mettrez vos billets liés de vos cheveux avec deux petites brochettes pointues de branche de myrte verte. Vous joindrez proprement les deux moitiés de la pomme, et la ferez sécher au four, en sorte qu'elle devienne dure et sans humidité comme des pommes sèches de carême. Vous l'envelopperez ensuite dans des feuilles de laurier et de myrte et tâcherez de la mettre sous le chevet du lit où couche la personne aimée, sans qu'elle s'en aperçoive, et en peu de temps, elle vous donnera des marques de son amour. »

On remarquera que cette recette rassemble un certain nombre de recommandations et d'éléments qui sont caractéristiques de la magie amoureuse, comme l'importance accordée au jour et à l'heure pour la cueillette de la pomme ainsi que l'emplacement — sous le chevet — où il faut la placer, une fois « préparée », pour être efficace, ou encore l'emploi du sang, des liens, du myrte (plante d'Aphrodite), des cheveux. En revanche, deux indications sont propres au traitement de la pomme : l'insertion des billets à la place des pépins au cœur du fruit, afin qu'ils se substituent à eux pour en assumer la fonction symbolique et le passage au four qui a pour but, en expulsant l'humidité, de transformer la nature même du fruit. De froid et humide, il devient chaud et sec, et par suite réunit les qualités favorables à l'amour… On ne sait si le philtre était efficace !

Scott Cunningham rapporte, dans le paragraphe de son *Encyclopédie des herbes magiques* qu'il consacre au pommier, une autre recette utilisée pour attirer l'attention de celui ou de celle dont on désire être aimé. Il ne donne malheureusement ni la région ni l'époque auxquelles elle était mise en œuvre.

> «On fait cuire, écrit-il, des fleurs de pommier dans de la cire fondue. Quand, au bout d'un moment, cette cire devient rosée, on arrête l'ébullition, on retire les fleurs cuites qui ont été vidées de leurs principes, et on coule la cire rosâtre et parfumée pour fabriquer des chandelles dont la flamme sera souveraine pour attirer la personne aimée… Mais, le plus simple de tous les charmes amoureux, ajoute-t-il, consiste à chauffer une pomme rouge en la frottant dans ses mains, la partager en deux moitiés égales dont on offre l'une à celui ou celle dont on désire être aimé.»

C'est évidemment plus simple ! Certains paraissent toutefois avoir compliqué à plaisir le procédé pour parvenir au même résultat. Ils recommandent en effet de cueillir une pomme rouge, un vendredi de lune croissante, de bon matin, et d'y placer un morceau de papier portant le nom de l'être aimé, de la laisser ensuite sécher au soleil, puis de l'envelopper dans un papier de couleur et de la ranger dans sa chambre.

Mais il ne suffit pas de conquérir l'être désiré. Encore faut-il se l'attacher ! Pour y parvenir, on avait encore recours aux bons services de la pomme qui apparaît décidément, dans les traditions populaires, comme la «bonne à tout faire» pour régler les problèmes de cœur… !

On utilisait, par exemple, les pépins pour savoir si la personne aimée n'aurait pas quelques velléités d'entreprendre d'autres conquêtes, comme, par exemple, en utilisant le procédé suivant :

> «Avec la salive, on se colle un pépin sur le front ; s'il s'y maintient ferme quelque temps, la personne aimée sera fidèle.»

On pouvait aussi employer cette technique rapportée par Anne Osmont dans son ouvrage sur *Les Plantes médicinales et magiques*, malheureusement sans aucune référence.

> «Quand une épouse peut craindre que l'époux ait quelque distraction à l'égard de la foi conjugale, elle se rend sous un pommier portant des charbons allumés dans un petit pot de terre vernissé qui doit être neuf. Elle jette de l'encens sur les charbons et parfume la pomme qui lui paraît la plus belle et la plus appétissante. Elle doit commencer un vendredi au petit matin et recommencer tous les jours à la même heure, jusqu'au vendredi suivant. Ce jour-là, elle cueillera la pomme et, s'étant parée de son mieux,

la fera manger à son mari. Si le danger était réel, il s'écarte ; s'il n'était qu'une crainte, il ne se présentera plus. »

La pomme, utilisée pour contraindre l'amant ou le mari à rester fidèle à ses engagements semble donc appelée à jouer un rôle symbolique tout au long des relations que peut entretenir un couple d'amoureux.

Mais elle n'apparaît pas toujours investie d'un pouvoir suffisant pour éveiller l'amour. Dans certains cas, par exemple, le message qu'elle était censée transmettre n'était suivi d'aucun effet. La légende irlandaise de Caier, roi de Connaught, en offre un exemple tragique. Elle raconte comment la femme de Caier s'attacha à Nedé, le neveu que le roi avait adopté car il n'avait pas d'enfant. Pour obtenir son amour, elle lui envoya une pomme d'argent. Nedé ne se montra pas sensible à cette déclaration. Elle lui promit alors la royauté, après Caier, s'il voulait bien venir à elle. Nedé finit par se laisser convaincre et il tua le roi, mais il mourut à son tour. La pomme messagère n'avait pas eu un pouvoir suffisant pour faire naître l'amour dans le cœur de son destinataire et d'autres arguments ont dû être employés pour persuader l'insensible jeune homme. Ce n'est pas l'amour qui triomphe dans cette légende, mais la mort ! La pomme se serait-elle vengée d'avoir été à ce point méprisée ?

Le péché originel.

Dans d'autres cas, on pouvait user de contre-charmes pour contrarier l'efficacité redoutée de la pomme utilisée comme messagère d'amour, comme dans cette autre légende irlandaise où son emploi se solde aussi par un échec. Il s'agit du récit intitulé *La Vision de Conglinne* dans lequel une jeune fille nommée Ligach envoie des noix et des pommes en signe d'amour à un jeune homme du nom de Cathal. Le frère de la jeune fille qui est opposé à cette relation amoureuse fait prononcer des enchantements sur les fruits avant qu'on ne les porte à leur destinataire. Des vers s'y forment et quand Cathal mange les pommes qui lui étaient adressées, les vers se métamorphosent en démon de la boulimie qui s'empare du malheureux... Le pouvoir de la pomme ne saurait donc être irrésistible en toutes circonstances. Ce ne sont là cependant que des cas assez exceptionnels.

L'association privilégiée du fruit d'Ève et d'Aphrodite aux aspects les plus divers que peut revêtir l'amour, association fréquente et constamment affirmée au cours des siècles, a eu d'abord pour effet d'assurer à celui-ci une place éminente dans le champ symbolique propre à la pomme. Mais elle a eu aussi pour conséquence d'enrichir considérablement ce dernier et d'en étendre largement les limites.

Le contenu symbolique de ce fruit est d'ailleurs devenu aujourd'hui d'une telle richesse que, présenté seul, hors de tout contexte et de toute référence, il peut évoquer, spontanément et préférentiellement, des symboles totalement différents d'un individu à l'autre. Aussi, comme pour tout ce qui a une potentialité de sens symboliques particulièrement grande, est-il indispensable de lui adjoindre des éléments complémentaires suffisamment précis et connus, pour orienter la perception de celui qui la contemple vers le symbole que l'on veut privilégier. La représentation d'un homme ou d'une femme portant une pomme dans une main, par exemple, ne confère pas d'emblée à la pomme une signification symbolique susceptible de s'imposer aisément à tous. Encore faudra-t-il suggérer qu'il s'agit d'Ève ou d'Aphrodite, du Christ, de César ou d'Héraclès et peut-être même cette précision se révélera-t-elle encore insuffisante… !

Mais est-ce toujours indispensable ? Et ne faudrait-il pas laisser parfois place à l'inspiration et au rêve dans de tels cas ? Peut-être favoriserait-on ainsi l'élaboration et la naissance de nouvelles valeurs imaginaires dont le patrimoine symbolique de la pomme pourrait s'enrichir, tout comme il ne cesse de le faire dans les domaines de la botanique, de la linguistique et de la gastronomie lorsque l'on crée de nouvelles variétés de pomme ou quand on en ressuscite de très anciennes que l'on croyait à jamais perdues… ?

Je m'enrevins de l'onde toute sainte
Régénéré comme plantes nouvelles,
Renouvelé en leur nouveau feuillage,

Pur et tout prêt à monter aux étoiles.

La Divine Comédie, chant XXXIII.

BIBLIOGRAPHIE

Brosse J. : *Les Arbres d'Europe occidentale*, Paris, 1977.

Mythologie des arbres, Paris, 1989.

Les Arbres de France, Paris, 1987.

Candole A. de : *Origine des plantes cultivées*, Marseille, rééd. 1984.

Catalogue de l'Exposition : *La pomme, du fruit défendu au fruit cultivé*, Musée des Arts et Traditions populaires du Perche, Bellême, 1968.

Catoire Ch. et Villeneuve F. : *À la recherche des fruits oubliés*, St-Hippolyte-du-Fort, 1990.

Chevalier A. : « Histoire et amélioration des pommiers », *in Revue de botanique et d'agriculture coloniale*, Paris, 1921.

Chevalier J. et Gheerbrant A. : *Dictionnaire des symboles*, Paris, rééd. 1973.

Collectif : « Légumes et fruits. Du jardin du Roy au jardin des plantes », numéro hors série de *Terre sauvage*, Paris, 1992.

Cunningham S. : *L'encyclopédie des herbes magiques*, Paris, 1987.

De Gubernatis A. : *La Mythologie des plantes*, Milan, rééd. 1976.

Dumézil G. : *Le Festin d'immortalité*, Paris, 1924.

Eisenberg J. et Abecassis A. : *Et Dieu créa Ève*, Paris, 1979.

Eliade M. : *Traité d'histoire des religions*, Paris, 1975.

Frazer J. G. : *Le Rameau d'or*, trad. française. Paris, 1984.

Gaidoz H. : « La Réquisition d'amour et le symbolisme de la pomme », Ann. EPHE, Paris, 1902.

Graves R.: *La Déesse blanche,* trad. française, Monaco, 1979.

Grimm J. et W.: *Contes,* trad. française A. Guerne, Paris, 1967.

Grimal P.: *Dictionnaire de la mythologie grecque et romaine,* Paris, 1988.

Hall J.: *Dictionnaire des mythes et des symboles,* trad. française, Paris, 1994.

Hildegarde de Bingen: *Le Livre des subtilités des créatures divines,* trad. française, Grenoble, 1988.

Joret Ch.: *Les Plantes dans l'Antiquité,* Paris, 1904.

Littlewood A.R.: *The symbolism of the apple in greek and roman literature,* Harvard studies classical philology. 72. 1967.

Le Braz A.: *Magies de la Bretagne,* Paris, 1994.

Leclerc H.: *Les Fruits de France,* Paris, s. d.

Le Quellec J. L. et Sergent B.: *La Pomme, contes et mythes,* Maison du Conte, Chevilly-Larue, 1995.

Le Roux F. et Ch. J. Guyonvarc'h: *Les Druides,* Rennes, 1986.

Levi d'Ancona M.: *The garden of the Renaissance. Botanical symbolism in Italian painting,* Florence, 1977.

LIMC *(Lexicon Iconographicum Mythologicae Classicae),* Münich et Zurich, 1981-1994.

Matthioli P.A.: *Les Commentaires sur les VI Livres de Pedacius Anazarbeen Dioscoride, de la Matière médicale,* Lyon, 1655.

Markale J.: *Les Celtes,* Paris, 1969.

Meiller D. Et Vannier P.: *Le Grand livre des fruits et légumes,* Besançon, 1991.

Moldenke H. N.: *Plants of the Bible,* New-York, réed. 1952.

Moritz M.: *Le Jeu de la pomme,* Paris, 1987.

Mozzani E.: *Le Livre des superstitions,* Paris, 1995.

« *La mort tragique des enfants de Tuiream* », OGAM, Traditions celtiques, XVI, Rennes, 1964.

id - : « *La navigation de Bran, fils de Febal* », OGAM, Traditions celtiques, IX, Rennes, 1957.

Osmont A.: *Plantes médicinales et magiques,* Paris, 1944.

Pauly Realencyclopädie der klassischen Altertumswissenschaft, Stuttgart. (Plus de 60 volumes édités depuis 1893), s. v.: Apfel, Aphrodite, Héraclès, Hesperiden…

Pauphilet A.: *La Queste du Saint Graal,* Paris, 1972.

Pelt J.M.: *Des Fruits,* Paris, 1994.

Peyre P.: *Les Pommiers,* Paris, 1949.

Picar M. et Montagnard J.: *La Pomme,* Paris, 1980.

Prienne-Delforge V.: *L'Aphrodite grecque,* Athènes-Liège, 1994.

Rolland E.: *Flore populaire ou Histoire naturelle des plantes,* Paris, rééd. 1967.

Sébillot P.: *Le Folklore de France,* Paris, rééd. 1968.

Tabari M. at: *Commentaire du Coran,* trad. française de P. Gode, Paris, 1983.

Wasserman H., Pastoureau M., Préaud M., Drouard F., Buren R., Lachenal L.: *La Pomme, Histoire symbolique et cuisine,* Paris, 1990.

La plupart des textes grecs et latins cités dans l'ouvrage ont été édités

- dans la Collection des Universités de France, Les Belles-Lettres, Paris.

- ou par The Loeb classical Library, Londres.

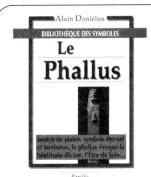

LE PHALLUS
Alain DANIÉLOU

C'est seulement lorsque le pénis se redresse, qu'il émet la semence, source de vie. Il est alors appelé phallus (*Linga*) et, depuis la lointaine préhistoire, il a été considéré comme l'image du principe créateur, du processus par lequel l'Être Suprême procrée l'univers. Une des dernières œuvres publiées du vivant du grand indianiste.

20x25, 128 p., illustré

LA VIGNE et le Vin
Tristan LAFRANCHIS

Lié au soleil et au feu par sa fermentation et son alcool, le vin exerce de multiples pouvoirs sur l'homme. Sa couleur et son bouquet séduisent, sa force libère l'esprit du corps et délie la langue. Mais cet ami se montre d'une rare perfidie avec qui en abuse.

20x25, 96 p., illustré, cahier iconographique en couleurs 16 p.

LE TAUREAU
Tristan LAFRANCHIS

Animal sacré en Inde, signe de richesse en Afrique noire, le taureau représente la force et la virilité : rodéos et corridas se font l'écho des exploits d'Hercule et de Thésée. Garant de l'ordre cosmique, le taureau apporte la prospérité à l'éleveur et l'harmonie universelle à l'humanité.

20x25, 168 p., illustré, cahier iconographique en couleurs 16 p.

LES SIRÈNES
Adeline BULTEAU

Sirènes, Nymphes, Naïades, Ondines, Vierges-Cygnes, Déesses marines japonaises ou indiennes, *Walkyries* germaniques, *Roussalkis* slaves, ces esprits aquatiques féminins peuplent contes, légendes, mémoires de marins, alchimie, représentations picturales, musicales, archéologiques… Un survol enchanteur de contrées peuplées d'êtres mystérieux et féeriques.

20x25, 144 p., illustré

LE CHIEN
David GATTEGNO

Le premier ouvrage traitant du symbolisme du chien, à travers les mythes, les légendes et les livres sacrés de toutes les traditions. Affectueux, vigilant, fidèle, symbole des vertus de l'homme, son maître — de ses frayeurs, espérances, origines et fin —, le chien nous relie directement au surnaturel.

20x25, 128 p., illustré

L'AIGLE
Geneviève SAINT-MARTIN

L'aigle dans les différents mondes, sciences et arts traditionnels. Le roi des oiseaux, vu à la lumière des mythes anciens et « revu » à l'ombre de plus récents... L'Aigle est l'image du pouvoir suprême et inaccessible. Il symbolise la vision royale de l'esprit et l'empire sur soi.

20x25, 96 p., illustré

DICTIONNAIRE DES DIEUX ET DES SYMBOLES
des anciens Égyptiens
Manfred LURKER

Ce dictionnaire livre la clé du symbolisme merveilleusement imagé de l'Égypte ancienne. En plus de 350 articles, les dieux, sous leur forme humaine ou animale, revivent sous nos yeux. Il est impossible de comprendre la civilisation de l'Égypte ancienne sans connaître la signification de ces symboles et de ces divinités ; ce dictionnaire constitue de ce fait un ouvrage de référence indispensable à quiconque s'intéresse à cette époque ou se rend en Égypte.

14x21, 256 p., illustré

La maquette de cet ouvrage, le septième de la collection « Bibliothèque des symboles », composé en caractères « Palatino » corps 11, a été réalisée par l'atelier des Éditions Pardès

Imprimé en France. - JOUVE, 18, rue Saint-Denis, 75001 PARIS
N° 239962W. - Dépôt légal : octobre 1996